인간
붓다

이중표

전남대학교 철학과를 졸업한 뒤 동국대학교 대학원에서
불교학 석·박사 학위를 취득했다. 이후 전남대학교
철학과 교수로 재직했으며, 정년 후 동 대학교 철학과
명예교수로 위촉됐다. 호남불교문화연구소 소장,
범한철학회 회장, 불교학연구회 회장을 역임했으며,
현재 불교 신행 단체인 '붓다나라'를 설립하여
포교와 교육에 힘쓰고 있다.
저서로는 『정선 디가 니까야』, 『정선 맛지마 니까야』,
『정선 쌍윳따 니까야』, 『정선 앙굿따라 니까야』, 『붓다의 철학』,
『니까야로 읽는 금강경』, 『니까야로 읽는 반야심경』,
『담마빠따』, 『숫따니빠따』, 『불교란 무엇인가』,
『붓다가 깨달은 연기법』, 『근본불교』, 『현대와 불교사상』
외 여러 책이 있으며, 역서로 『붓다의 연기법과 인공지능』,
『불교와 양자역학』 등이 있다.

신화와 설화를 걷어낸

율장 속 붓다의 참모습

인간 붓다

이중표 역해

불광출판사

머리말

붓다는 실존했던 인물임에도 불구하고 인간으로서의 모습은 우리에게 잘 알려지지 않았다. 우리가 알고 있는 붓다는 신적 존재다. 붓다는 전생에 오랜 세월 보살행을 닦고 연등불의 수기를 받아 도솔천에 머물다가, 인연이 성숙하여 우리가 사는 사바세계의 중생들을 구원하기 위해 이 땅에 내려와서 중생을 제도하고 열반에 든 분이라는 것이다. 과연 이것이 붓다의 참모습인가?

붓다 입멸 후 후대의 불교도들은 붓다를 신으로 만들었다. 그들에 의하면 붓다는 탄생부터 보통 사람과는 달랐다. 오른쪽 겨드랑이에서 태어났고, 태어나자마자 일곱 걸음을 걸으면서 '천상천하유아독존'을 외쳤다. 이러한 신격화를 통해서 인간 붓다의 모습은 우리로부터 멀어졌다.

오늘날 우리에게 필요한 붓다는 신격화된 붓다가 아니라, 우리와 똑같은 몸으로 세상을 살다 간 인간 붓다이다. 필자는 붓다의 참모습과 바른 가르침을 모아 불경을 편찬하는 작업을 하면서 인간 붓다의 모습을 초기 율장인 『마하왁가(Mahāvagga)』와 『쭐라왁가(Cullavagga)』에서 찾아 정리했다. 여기에는 붓다가 처음 깨달음을 이루어 녹야원에서 다섯 비구를 가르치고, 60명의 비구들에게 전법을 선언한 후에 정각을 성취한 우루웰라(Uruvela)로 돌아가서 까싸빠(Kassapa) 삼형제를 교화하고 여러 제자를 만나는 등 깨달음을 이룬 이후의 행적이 잘 드러나 있다.

이 글은 앞으로 편찬할 불경의 맨 앞부분으로 삼기 위한 것인데, 불경의 출간에 앞서 단행본으로 펴내도 좋겠다는 주변의 권유에 따라 출간하게 되었다. 물론 이 책 한 권으로 붓다의 모습을 다 살펴볼 수는 없다. 앞서 출간한 4부 『니까야(Nikāya)』와 『숫따니빠따』에도 붓다의 행적이 나타나 있으므로, 이 책을 중심으로 이미 출간된 여러 책을 통해서 붓다의 삶을 충분히 살펴볼 수 있을 것이다.

2024년 6월
이중표 합장

목차

제3장
전법선언(傳法宣言)

제4장
우루웰라의 기적

제5장
사리뿟따와 목갈라나의 출가

제6장
유산(遺産)

제7장
포살(布薩)과 안거(安居)의 인연

제8장
소나의 출가

제9장
지와까 꼬마라밧짜

제10장
정사(精舍)의 건립

제11장
상가[僧伽]의 분열

제12장
비구니(比丘尼)

제13장
오백결집(五百結集)

제
1
장

성불
(成佛)

【 해제 】

불교는 싯다르타의 깨달음에서 시작된다. 그래서 초기 율장인 『마하왁가(Mahāvagga)』는 붓다가 처음 깨달음을 이룬 이야기에서 시작된다. 붓다의 깨달음에 대해서는 여러 가지 설이 있다. 초야(初夜)에 숙명통을 성취하고, 중야(中夜)에 천안통을 성취하고, 후야(後夜)에 누진통을 성취했다는 설도 있고, 4성제(四聖諦)를 깨달았다는 설도 있고, 12연기를 깨달았다는 설도 있다. 그런데 『마하왁가』에서는 붓다가 12연기의 유전문과 환멸문을 역관과 순관으로 통찰한 것이 붓다가 깨달은 내용이라고 전하고 있다. 12연기의 유전문과 환멸문의 역관과 순관은 4성제를 의미한다. 따라서 마하왁가는 12연기와 4성제가 붓다가 깨달은 내용이라는 것을 보여준다.

제1장에는 〈깨달으신 이야기〉 뒤에 〈아자빨라 이야기〉, 〈무짤린다 이야기〉, 〈라자야따나 이야기〉, 〈범천(梵天)의 간청(懇請)〉으로 이어진다. 보리수 아래에서 깨달음을 이룬 후에 그곳에서 7일 동안 머물면서 자신이 깨달은 진리를 사유한 붓다는 아자빨라니그로다(Ajapālanigrodha)나무 아래로 자리를 옮겨서 7일 동안 머무셨는데, 그때 거만한 바라문이 와서 붓다에게 바라문의 행실에 대하여 묻는다. 이것이 〈아자빨라 이야기〉인데, 여기에서 붓다는 거만하지 않고 오만이 없어야 진정한 바라문이라고 대답한다. 이것은 자신들이 가장 훌륭한 혈

통이라고 주장하는 거만한 당시의 바라문들을 비판한 것이다.

〈무짤린다 이야기〉에는 무짤린다 용왕(龍王)이 등장하여 비바람과 해충으로부터 붓다를 보호한다. 붓다는 용왕에게 살아있는 것들을 함부로 해치지 말도록 가르친다. 이것은 붓다의 가르침이 자연을 해치지 않고 자연과 조화 속에서 살아가는 가르침임을 보여준다.

〈라자야따나 이야기〉는 따뿌싸(Tapussa)와 발리까(Bhallika)라는 두 상인이 붓다를 찾아와서 공양을 올리고 귀의한 이야기를 전하고 있다. 따뿌싸와 발리까는 붓다에게 귀의한 최초의 재가 신자가 된다.

〈범천(梵天)의 간청(懇請)〉에서는 범천이 등장하여 설법을 망설이는 붓다에게 가르침을 펴실 것을 간청한다. 이것은 붓다가 가르침을 펼 결심을 하기까지의 심적 갈등을 표현한 것이다.

깨달으신 이야기

1.1. 붓다 세존께서 우루웰라(Uruvela)의 네란자라(Nerañjara)강 언덕에 있는 보리수(菩提樹) 아래에서 처음 바른 깨달음[正覺]을 이루셨습니다. 그때, 세존께서는 7일 동안 결가부좌하고 앉아 해탈의 즐거움을 누리셨습니다.

1.2. 세존께서는 초저녁에 연기(緣起)를 순관(順觀)과 역관(逆觀)으로 사유하셨습니다.

'나라고 할 만한 것이 없다는 사실을 알지 못하기 때문에[無明] 내가 있다고 생각하면서 살아간다[行]. 내가 있다고 생각하면서 살아가기 때문에 나와 세계를 분별하는 마음[識]이 생긴다. 나와 세계를 분별하는 마음에 의지하여 이름과 형색[名色]이 나타난다. 이름과 형색에 의지하여 그것을 보고 듣는 자아[六入處]가 나타난다. 그 자아에 의지하여 대상을 경험하는 접촉[觸]이 나타난다. 그 접촉에 의지하여 즐겁거나 괴로운 느낌[受]이 나타난다. 즐겁거나 괴로운 느낌에 의지하여 느낌을 갈망하는 갈애[愛]가 나타난다. 그 갈애에 의지하여 무상한 5온(五蘊)을 자아로 취(取)하게 된다. 5온을 자아로 취하기 때문에 내가 있다는 생각[有]이 나타난다. 내가 있다는 생각에 의지하여 내가 태어났다는 생각[生]이 나타난다. 내가 태어났다는 생각에 의지하여 내가 늙어 죽는다는 생각[老死]이 나타난다. 이와 같은 과정이 모여서 온갖 고통을 일으키는 괴로움 덩어리가 나타난다[苦集].

나라고 할 만한 것이 없다는 사실을 깨달으면[無明滅] 나 아닌 것이 없다는 생각으로 살아갈 수 있다[行滅]. 나 아닌 것이 없다는 생각으로 살아가면 나와 세계를 분별하는 마음이 사라진다[識滅]. 분별하는 마음이 사라지면 이름과 형색이 사라진다[名色滅]. 이름과 형색이 사라지면 그것을 보고 듣는 자아가 사라진다[六入處滅]. 그 자아가 사라지면 대상을 경험하는 접촉이 사라진다[觸滅]. 그 접촉이 사라지면 즐겁거나 괴로운 느낌이 사라진다[受滅]. 즐겁거나 괴로운 느낌이 사라지면 느낌을 갈망하는 갈애가 사라진다[愛滅]. 그 갈애가 사라지면 5온을 자아로 취하지 않게 된다[取滅]. 5온을 자아로 취하지 않으면 내가 있다는 생각이 사라진다[有滅]. 내가 있다는 생각이 사라지면 내가 태어났다는 생각이 사라진다[生滅]. 내가 태어났다는 생각이 사라지면 내가 늙어 죽는다는 생각이 사라진다[老死滅]. 이와 같은 통찰을 이어가면 온갖 고통을 일으키는 괴로움 덩어리가 소멸한다[苦滅].'

1.3. 세존께서는 이 도리를 발견하시고, 이 우다나(udāna)를 읊으셨습니다.

열심히 선정(禪定) 닦는 바라문에게[01]
여러 법(法)이 드러났다.
원인과 함께 법(法)을[02] 통찰하니
모든 의심이 사라졌다.

1.4. 세존께서는 한밤중에 연기(緣起)를 순관(順觀)과 역관(逆觀)으로

01 'brāhmaṇa'의 번역. 'brāhmaṇa'는 당시의 사제계급으로서 한역에서는 바라문(婆羅門)으로 번역한다. 여기에서는 붓다를 의미한다.

02 'sahetudhamma'의 번역. 연기법(緣起法)을 의미한다.

사유하셨습니다.

'나라고 할 만한 것이 없다는 사실을 알지 못하기 때문에[無明] 내가 있다고 생각하면서 살아간다[行]. 내가 있다고 생각하면서 살아가기 때문에 나와 세계를 분별하는 마음[識]이 생긴다. 나와 세계를 분별하는 마음에 의지하여 이름과 형색[名色]이 나타난다. 이름과 형색에 의지하여 그것을 보고 듣는 자아[六入處]가 나타난다. 그 자아에 의지하여 대상을 경험하는 접촉[觸]이 나타난다. 그 접촉에 의지하여 즐겁거나 괴로운 느낌[受]이 나타난다. 즐겁거나 괴로운 느낌에 의지하여 느낌을 갈망하는 갈애[愛]가 나타난다. 그 갈애에 의지하여 무상한 5온(五蘊)을 자아로 취(取)하게 된다. 5온을 자아로 취하기 때문에 내가 있다는 생각[有]이 나타난다. 내가 있다는 생각에 의지하여 내가 태어났다는 생각[生]이 나타난다. 내가 태어났다는 생각에 의지하여 내가 늙어 죽는다는 생각[老死]이 나타난다. 이와 같은 과정이 모여서 온갖 고통을 일으키는 괴로움 덩어리가 나타난다[苦集].

나라고 할 만한 것이 없다는 사실을 깨달으면[無明滅] 나 아닌 것이 없다는 생각으로 살아갈 수 있다[行滅]. 나 아닌 것이 없다는 생각으로 살아가면 나와 세계를 분별하는 마음이 사라진다[識滅]. 분별하는 마음이 사라지면 이름과 형색이 사라진다[名色滅]. 이름과 형색이 사라지면 그것을 보고 듣는 자아가 사라진다[六入處滅]. 그 자아가 사라지면 대상을 경험하는 접촉이 사라진다[觸滅]. 그 접촉이 사라지면 즐겁거나 괴로운 느낌이 사라진다[受滅]. 즐겁거나 괴로운 느낌이 사라지면 느낌을 갈망하는 갈애가 사라진다[愛滅]. 그 갈애가 사라지면 5온을 자아로 취하지 않게 된다[取滅]. 5온을 자아로 취하지 않으면 내가 있다는 생각이 사라진다[有滅]. 내가 있다는 생각이 사라지면 내가 태어났다는 생각이 사라진다[生滅]. 내가 태어났다는 생각이 사라지면 내가 늙어 죽는다는 생각이 사라진다[老死滅]. 이와 같은 통찰을 이어가면 온갖 고통을 일으키는 괴로움 덩어리가 소멸한다[苦滅].'

1.5. 세존께서는 이 도리를 발견하시고, 이 우다나를 읊으셨습니다.

열심히 선정(禪定) 닦는 바라문에게
여러 법(法)이 드러났다.
소멸의 조건을 알고 나니
모든 의심이 사라졌다.

1.6. 세존께서는 새벽녘에 연기(緣起)를 순관(順觀)과 역관(逆觀)으로 사유하셨습니다.

'나라고 할 만한 것이 없다는 사실을 알지 못하기 때문에[無明] 내가 있다고 생각하면서 살아간다[行]. 내가 있다고 생각하면서 살아가기 때문에 나와 세계를 분별하는 마음[識]이 생긴다. 나와 세계를 분별하는 마음에 의지하여 이름과 형색[名色]이 나타난다. 이름과 형색에 의지하여 그것을 보고 듣는 자아[六入處]가 나타난다. 그 자아에 의지하여 대상을 경험하는 접촉[觸]이 나타난다. 그 접촉에 의지하여 즐겁거나 괴로운 느낌[受]이 나타난다. 즐겁거나 괴로운 느낌에 의지하여 느낌을 갈망하는 갈애[愛]가 나타난다. 그 갈애에 의지하여 무상한 5온(五蘊)을 자아로 취(取)하게 된다. 5온을 자아로 취하기 때문에 내가 있다는 생각[有]이 나타난다. 내가 있다는 생각에 의지하여 내가 태어났다는 생각[生]이 나타난다. 내가 태어났다는 생각에 의지하여 내가 늙어 죽는다는 생각[老死]이 나타난다. 이와 같은 과정이 모여서 온갖 고통을 일으키는 괴로움 덩어리가 나타난다[苦集].

나라고 할 만한 것이 없다는 사실을 깨달으면[無明滅] 나 아닌 것이 없다는 생각으로 살아갈 수 있다[行滅]. 나 아닌 것이 없다는 생각으로 살아가면 나와 세계를 분별하는 마음이 사라진다[識滅]. 분별하는 마음이 사라지면 이름과 형색이 사라진다[名色滅]. 이름과 형색이 사라지면 그것을 보고 듣는 자아가 사라진다[六入處滅]. 그 자아가 사라지면 대상을 경험하는 접촉이 사라진다[觸滅]. 그 접촉이 사라지면 즐겁거나 괴로운 느낌이 사라진다[受滅]. 즐겁거나 괴로운 느낌이 사라지면 느낌을 갈망하는 갈애가 사라진다[愛滅]. 그 갈애가 사라지면 5온을 자아로 취하지 않게 된다[取滅]. 5온을 자아로 취하지 않으면 내가 있다는 생각이 사라진다[有滅]. 내가 있다는 생각이 사라지면 내가 태어났다는 생각이 사라진다[生滅]. 내가 태어났다는 생각이 사라지면 내가 늙어 죽는다는 생각이 사라진다[老死滅]. 이와 같은 통찰을 이어가면 온갖 고통을 일으키는 괴로움 덩어리가 소멸한다[苦滅].'

1.7. 세존께서는 이 도리를 발견하시고, 이 우다나를 읊으셨습니다.

> 열심히 선정(禪定) 닦는 바라문에게
> 여러 법(法)이 드러났다.
> 어두운 허공을 비추는 태양처럼
> 그는 악마의 군대[魔軍]를 섬멸(殲滅)했다.

아자빨라 이야기

1.8. 세존께서는 7일 후에 그 삼매에서 일어나 보리수(菩提樹) 아래에서 아자빨라니그로다(Ajapālanigrodha)나무로 자리를 옮기셨습니다. 세존께서는 아자빨라니그로다나무 아래에서 7일 동안 결가부좌하고 앉아 해탈의 즐거움을 누리셨습니다.

1.9. 그때 어떤 거만한 바라문이 세존을 찾아와서, 세존과 함께 정중하게 인사를 나누고, 공손한 인사말을 주고받은 후에, 한쪽에 서서 세존께 말했습니다.

"고따마 존자여! 어떤 사람이 바라문인가요? 바라문의 행실(行實)은 어떤 것인가요?"

1.10. 세존께서는 그 의도를 아시고, 우다나를 읊으셨습니다.

바라문은 사악(邪惡)한 법(法)을 버리고
거만하지 않고 허물이 없고
자제력이 있어야 한다오.
베다(veda)에 통달하고
청정한 범행(梵行)을 완성한 바라문은
진리[法]를 가지고
가장 훌륭한 말을 해야 한다오.
그의 세계에는
어디에도 오만(傲慢)이 없다오.

무짤린다 이야기

1.11. 세존께서는 7일 후에 그 삼매에서 일어나 아자빨라니그로다나무에서 무짤린다(Mucalinda)나무로 자리를 옮기셨습니다. 세존께서는 무짤린다나무 아래에서 7일 동안 결가부좌하고 앉아 해탈의 즐거움을 누리셨습니다.

1.12. 그때 느닷없이 큰 구름이 일어나 7일 동안 찬바람이 불며 흐린 가운데 비가 왔습니다. 그러자 무짤린다 용왕(龍王)이 자신의 거처에서 나와 세존의 몸을 일곱 겹으로 똬리를 틀어 감고, 머리 위에 큰 덮개를 만든 채로 서 있었습니다. 그리하여 세존께서 춥거나 덥지 않도록 하고, 등에나 모기나 바람이나 열기나 뱀 등이 세존에게 접촉하지 못하게 했습니다.

1.13. 무짤린다 용왕은 7일 후에 구름이 걷히고 하늘이 맑게 갠 것을 알고, 세존의 몸에서 똬리를 푼 후에 자신의 모습을 감추고, 바라문 청년의 모습으로 변하여 세존께 합장하고 공경하며 세존 앞에 서 있었습니다.

1.14. 세존께서는 그 의도를 아시고, 우다나를 읊으셨습니다.

법(法)을 듣고 만족을 알아
세속(世俗)을 멀리하는 것[遠離]이 즐거움이다.
세간의 살아있는 것들에 대하여
자제하고 해치지 않는 것이 즐거움이다.
세간의 감각적 쾌락을 초월하여

탐욕을 버리는 것[離欲]이 즐거움이다.

'내가 있다'라고 하는

교만[我慢]의 억제야말로

진정으로 최고의 즐거움이다.

라자야따나 이야기

1.15. 세존께서는 7일 후에 그 삼매에서 일어나 무짤린다나무에서 라자야따나(Rājāyatana)나무로 자리를 옮기셨습니다. 세존께서는 라자야따나나무 아래에서 7일 동안 결가부좌하고 앉아 해탈의 즐거움을 누리셨습니다.

1.16. 그때 욱깔라(Ukkalā)의 상인(商人) 따뿌싸(Tapussa)와 발리까(Bhallika)가 먼 길을 여행하고 있었는데, 그들의 조상신(祖上神)이 그들에게 말했습니다.

"얼마 전에 바른 깨달음을 성취하신 세존께서 라자야따나나무 아래에 계신다. 너희들은 세존을 찾아가서 만타(mantha)[03]와 꿀을 공양하여라. 그러면 너희들에게 오랫동안 이익과 즐거움이 있을 것이다."

1.17. 그래서 따뿌싸와 발리까는 만타와 꿀을 가지고 세존을 찾아가서 세존께 예배한 후에 한쪽에 서서 이렇게 말했습니다.

"세존이시여, 세존께서는 만타와 꿀을 받아주십시오. 그러면 우리

03 쌀로 만든 과자.

에게 오랫동안 이익과 즐거움이 있을 것입니다.”

1.18. 세존께서는 ‘여래가 맨손으로 받을 수는 없다. 그런데 나는 무엇으로 만타와 꿀을 받아야 하지?’라고 생각하셨습니다. 그러자 사천왕(四天王)이 이심전심으로 세존의 생각을 알아차리고 “세존이시여, 이제 세존께서는 만타와 꿀을 받으십시오”라고 말하면서 사방에서 수정으로 만든 네 개의 그릇을 세존께 바쳤습니다. 세존께서는 아름다운 수정 그릇에 만타와 꿀을 받아 드셨습니다.

1.19. 따뿌싸와 발리까는 세존께서 음식을 다 드신 것을 알고, 세존의 발에 머리를 조아려 예배하고 이렇게 말했습니다.

“세존이시여, 저희는 세존과 가르침[法]에 귀의합니다. 세존께서는 저희를 청신사(淸信士)로 받아주소서. 지금부터 살아있는 날까지 귀의하겠나이다.”

그들은 세간에서 두 귀의처에 귀의를 맹세한[04] 최초의 청신사였습니다.

범천(梵天)의 간청(懇請)

1.20. 세존께서는 7일 후에 그 삼매에서 일어나 라자야따나나무에서 아자빨라니그로다나무로 자리를 옮기시고, 아자빨라니그로다나무

04 ‘dvevācikā’의 번역. 원문의 의미는 ‘두 번 이야기한’인데, 여기에서 두 번 이야기했다는 것은 붓다와 법에 귀의를 맹세한 것을 의미한다. 그때는 아직 상가[僧伽]가 성립하지 않았기 때문에 붓다와 법이 두 귀의처가 되었다.

아래에서 지내셨습니다.

1.21. 그때 세존께서 홀로 좌선하는 가운데 마음속에 이런 생각이 떠올랐습니다.

'내가 도달한 이 진리[法]는 심오하고 보기 어렵고 깨닫기 어렵고 고요하고 사변을 벗어났으며, 미묘(微妙)하고 승묘(勝妙)하여 현자만이 알 수 있는 것이다. 그런데 지금 사람들은 애착이 생겨서 애착을 좋아하고, 애착에 빠져있다. 그런데 애착이 생겨서 애착을 좋아하고, 애착에 빠진 사람들은 '이 의존성, 즉 연기(緣起)'라는 도리를 보기 어렵다. 그리고 '일체의 행(行)이 멈추고, 일체의 집착을 버리고, 갈애[愛]를 파괴하고, 탐욕을 여읜 적멸(寂滅)이 열반'이라는 이 도리를 보기 어렵다. 내가 진리[法]를 가르쳐도 다른 사람들은 나의 말을 이해하지 못할 것이다. 그것은 나에게 피로한 일이고, 무익한 일이다."

1.22. 세존에게 다음과 같은, 진실로 과거에 전혀 들어본 적이 없는, 희유한 게송들이 생각났습니다.

내가 힘들게 도달한 것을
지금 가르치려고 한 것으로 충분하리라.
탐욕과 분노에 패배한 자들은
이 진리[法]를 쉽게 이해하지 못하리라.

세상의 흐름을 거슬러 올라가는
미묘하고 심오하고 보기 어렵고 미세한 진리를
어둠 덩어리에 뒤덮인

탐욕에 물든 자들은 보지 못하리라.

1.23. 이렇게 생각하신 세존께서는 진리[法]를 가르치지 않고 편히 지내기로 마음먹었습니다.

그때 사함빠띠(Sahampati) 범천(梵天, Brahman)은 이심전심으로 세존께서 생각하신 바를 알아차리고 이렇게 생각했습니다.

'여래(如來) 아라한(阿羅漢) 등정각(等正覺)께서 진리[法]를 가르치지 않고 편히 지내기로 마음먹었으니, 이제 세상은 끝이로구나! 이제 세상은 망했구나!'

1.24. 사함빠띠 범천은 마치 건장한 사람이 구부린 팔을 펴거나, 편 팔을 구부리듯이, 이렇게 삽시간에 범천의 세계에서 사라져 세존 앞에 나타났습니다.

1.25. 사함빠띠 범천은 한쪽 어깨에 상의를 걸치고, 오른쪽 무릎을 꿇고, 세존을 향해 합장 공경하고 세존께 말씀드렸습니다.

"세존이시여, 세존께서는 진리[法]를 가르치소서! 선서(善逝)께서는 진리를 가르치소서! 천성이 때 묻지 않은 중생들이 있습니다. 그들은 진리를 듣지 못해서 타락하고 있습니다. 그들은 진리를 이해할 수 있을 것입니다."

1.26. 사함빠띠 범천은 이렇게 말하고 나서 다시 말씀드렸습니다.

이전에 마가다(Magadha)에는
불순한 자들이 생각해 낸
불결(不潔)한 가르침이 있었으니

불사(不死)의 문을 여소서!
순결하신 분이 깨달은
진리[法]를 듣게 하소서!

산꼭대기 바위에 서서
두루 사람들을 살펴보듯이
그와 같이 진리의 궁전에 올라
보안(普眼)을 지닌 현명하신
슬픔을 여읜 분이여!
태어남과 늙음의 지배를 받는
슬픔에 빠진 사람들을
굽어살펴 주옵소서!

일어나소서!
전쟁에서 승리한 영웅이여!
세상을 돌아다니소서!
빚 없는 대상(隊商)의 지도자여!
진리를 가르치소서!
세존이시여!
이해하는 자들이 있을 것입니다.

1.27. 이렇게 말씀드리자, 세존께서 사함빠띠 범천에게 말씀하셨습니다.

"범천이여, 나는 '내가 도달한 이 진리[法]는 심오하고 보기 어렵고 깨닫기 어렵고 고요하고 사변을 벗어났으며, 미묘하고 승묘하여 현자만이 알 수 있는 것이다. … (중략) … 내가 진리를 가르쳐도 다른 사람들은 나의 말을 이해하지 못할 것이다. 그것은 나에게 피로한 일이고, 무익한 일이다'라고 생각한다오."

1.28. 그러자 사함빠띠 범천은 재차 "세존이시여, 세존께서는 진리를 가르치소서! 선서께서는 진리를 가르치소서! 천성이 때 묻지 않은 중생들이 있습니다. 그들은 진리를 듣지 못해서 타락하고 있습니다. 그들은 진리를 이해할 수 있을 것입니다"라고 간청했습니다.

세존께서는 "범천이여, 나는 '내가 도달한 이 진리는 심오하고 보기 어렵고 깨닫기 어렵고 고요하고 사변을 벗어났으며, 미묘하고 승묘하여 현자만이 알 수 있는 것이다. … (중략) … 내가 진리를 가르쳐도 다른 사람들은 나의 말을 이해하지 못할 것이다. 그것은 나에게 피로한 일이고, 무익한 일이다'라고 생각한다오"라고 말씀하셨습니다.

1.29. 그러자 사함빠띠 범천은 세 번째로 "세존이시여, 세존께서는 진리를 가르치소서! 선서께서는 진리를 가르치소서! 천성이 때 묻지 않은 중생들이 있습니다. 그들은 진리를 듣지 못해서 타락하고 있습니다. 그들은 진리를 이해할 수 있을 것입니다"라고 간청했습니다. 세존께서는 세 번째로 범천의 간청을 받고, 중생들을 연민하여 불안(佛眼)으로 세간을 살펴보셨습니다. 세존께서 불안으로 세간을 살펴보시니, 때가 없는 중생도 있고, 때가 많은 중생도 있고, 근기가 날카로운[利根] 중생도 있고, 근기가 무딘[鈍根] 중생도 있고, 잘생긴 중생도 있고, 못생긴 중생도 있고, 가르치기 쉬운 중생도 있고, 가르치기 어려운 중생도

있었으며, 어떤 중생들은 내세의 죄를 두려워하며 살고 있었습니다.

1.30. 비유하면, 연꽃이 자라는 연못에서 어떤 청련이나 홍련이나 백련은 물에서 태어나 물에 잠긴 채 자라고, 어떤 청련이나 홍련이나 백련은 물에서 태어나 수면(水面)에서 자라고, 어떤 청련이나 홍련이나 백련은 물 위로 솟아올라 흙탕물에 오염되지 않고 자라는 것과 같았습니다.

1.31. 세존께서는 이렇게 보시고 나서 사함빠띠 범천에게 게송으로 응답하셨습니다.

귀 있는 자들에게 불사(不死)의 문이 열렸다.
헛된 신앙에서 벗어날지어다.[05]
범천이여, 나는 무익하다는 생각에서
고상하고 승묘한 진리[法]를
인간들 가운데서 설하지 않았노라.

1.32. 그러자 사함빠띠 범천은 '나는 세존으로부터 진리[法]를 가르치겠다는 승낙을 받았다'라고 생각하고, 세존께 예배한 후에 오른쪽으로 돌고 그곳에서 사라졌습니다.

---

05 'ye sotavanto pamuccantu saddhaṃ'의 번역. 'saddhaṃ'은 '믿음'을 의미하는데, '헛된 신앙'으로 번역함. 당시의 사회를 지배하고 있던 바라문교의 신앙을 버릴 것을 이야기한 것이다.

제
2
장

초전법륜
(初轉法輪)

【 해제 】

자신이 깨달은 진리를 세상 사람들에게 가르치기로 결심한 붓다는 그 진리를 알아들을 만한 사람을 찾아 바라나시(Bārāṇasi)의 이시빠따나 미가다야(Isipatana migadāya, 鹿野苑)로 길을 떠난다. 바라나시로 가는 길에서 붓다는 사명외도(邪命外道) 우빠까(Upaka)를 만난다. 붓다는 우빠까에게 자신이 깨달음을 성취한 승리자임을 알려주지만, 우빠까는 붓다를 인정하지 않고 떠나간다. 좋은 인연은 만나기 어려운 것이 아니라 알아보기 어려운 것인지도 모른다.

우빠까와 헤어진 붓다는 바라나시의 이시빠따나 미가다야에 가서 다섯 비구들을 만난다. 그들은 예전에 우루웰라(Uruvela)의 고행림(苦行林)에서 붓다와 함께 수행하다가 붓다가 고행을 포기하자 타락했다고 비난하고 붓다 곁을 떠나 바라나시로 간 사람들이다. 붓다는 자신을 타락한 수행자라고 멀리하려는 다섯 비구들을 설득하여 가르친다. 그 결과 다섯 비구는 차례로 깨달음을 성취하고 아라한이 된다. 이 가르침이 이른바 초전법륜(初轉法輪)이다. 붓다는 이 초전법륜을 통해 자신의 가르침이 세상에 전해질 수 있다는 확신을 하게 된다.

법륜(法輪)을 굴리신 이야기

2.1. 그때 세존께서는 이렇게 생각하셨습니다.

'나는 맨 처음 누구에게 진리[法]를 가르쳐야 할까? 누가 이 진리를 빨리 이해할까?'

그리고 이렇게 생각하셨습니다.

'알라라 깔라마(Aḷāra Kālāma)는 현명하고 박식하고 총명하다. 그는 눈에 때가 끼지 않은 밝은 사람이다. 나는 맨 처음 알라라 깔라마에게 진리를 가르쳐야겠다. 그는 분명히 이 진리를 빨리 이해할 것이다.'

2.2. 그때 천신이 모습을 드러내지 않고 세존께 말씀드렸습니다.

"세존이시여, 알라라 깔라마는 7일 전에 죽었습니다."

세존께서도 알라라 깔라마가 7일 전에 죽었다는 것을 통찰하셨습니다. 세존께서는 이렇게 생각하셨습니다.

'매우 고매한 알라라 깔라마가 이 진리를 들었다면 빨리 이해할 수 있었을 텐데!'

2.3. 그때 세존께서는 다시 이렇게 생각하셨습니다.

'나는 맨 처음 누구에게 진리를 가르쳐야 할까? 누가 이 진리를 빨리 이해할까?'

세존께서는 이렇게 생각하셨습니다.

'웃다까 라마뿟따(Uddaka Rāmaputta)는 현명하고 박식하고 총명하다. 그는 눈에 때가 끼지 않은 밝은 사람이다. 나는 맨 처음 웃다까 라마뿟따에게 진리를 가르쳐야겠다. 그는 분명히 이 진리를 빨리 이해할 것이다.'

2.4. 그때 천신이 모습을 드러내지 않고 세존께 말씀드렸습니다.

"세존이시여, 웃다까 라마뿟따는 지난밤에 죽었습니다."

세존께서도 웃다까 라마뿟따가 지난밤에 죽었다는 것을 통찰하셨습니다. 세존께서는 이렇게 생각하셨습니다.

'매우 고매한 웃다까 라마뿟따가 만약에 이 법을 들었다면 빨리 이해할 수 있었을 텐데!'

2.5. 그때 세존께서는 다시 이렇게 생각하셨습니다.

'나는 맨 처음 누구에게 법을 가르쳐야 할까? 누가 이 법을 빨리 이해할까?'

세존께서는 이렇게 생각하셨습니다.

'나에게 많은 도움을 준 다섯 비구가 있다. 그들은 나를 정진에 전념하도록 돌봐주었다. 나는 맨 처음 다섯 비구에게 법을 가르쳐야겠다.'

2.6. 세존께서는 다시 생각하셨습니다.

'지금 다섯 비구는 어디에 머물고 있을까?'

세존께서는 인간을 초월한 청정한 천안(天眼)으로 바라나시(Bārāṇasi)의 이시빠따나 미가다야(Isipatana migadāya, 鹿野苑)에 머무는 다섯 비구를 보셨습니다. 세존께서는 우루웰라에서 적당히 머무신 후에 바라나시로 길을 떠나셨습니다.

2.7. 그때 사명외도(邪命外道)[06] 우빠까(Upaka)가 보리수에서 출발하여 가야(Gayā)를 향해 길을 가고 있는 세존을 보고 이렇게 말했습니다.

---

06 'ājīvika'의 번역. 막칼리 고살라(Makkhali Gosāla)를 추종하는 고행주의 수행자를 의미한다.

"존자여, 그대의 6근(六根)은 청정하고, 피부색은 맑군요. 존자여, 그대는 누구에게 출가했습니까? 그대의 스승은 누구입니까? 그대는 누구의 가르침을 따릅니까?"

2.8. 이렇게 말하자, 세존께서 사명외도 우빠까에게 게송으로 말씀하셨습니다.

나는 모든 법에 물들지 않는
일체승자(一切勝者)이며 일체지자(一切知者)라오.
일체를 버리고 갈애를 부수고
체험적 지혜로써 스스로 해탈했다오.

누구를 스승이라 말하겠는가!
나에게는 스승이 없다오.
나와 견줄 자는 없다오.
천신을 포함하여 이 세간에
나와 동등한 자는 없다오.

나는 세간의 아라한이며,
나는 위없는 스승이라오.
번뇌가 소멸하여 맑고 고요한
나는 유일한 등정각(等正覺)[07]이라오.

---

07 'sammāsambuddho'의 번역. '평등한 바른 깨달음을 성취한 사람'이라는 의미이다.

나는 법륜을 굴리기 위해서
까시(Kāsi)국(國)의 도시로[08] 간다오.
무지한 이 세상에
불사(不死)의 북을 두드리기 위해.

2.9. "존자여, 그대는 '내가 바로 아라한이며, 무적의 승리자인 지나(Jīna)다'[09]라고 선언하는 것입니까?"

번뇌[漏]를 남김없이 소멸한
나와 같은 사람이 진정한 지나(Jīna)라오.
나는 사악한 법을 정복했다오.
우빠까여, 그러므로 나는 승리자라오.

이렇게 말씀하시자, 사명외도 우빠까는 "존자여, 그렇다고 합시다"라고 말하고, 머리를 가로저으면서 떠났습니다.

2.10. 세존께서는 여행을 계속하여 바라나시의 이시빠따나 미가다야에 도착하자 다섯 비구를 찾아갔습니다. 멀리서 세존께서 오시는 것

---

08 'Kāsinaṃ puraṃ'의 번역. 까시(Kāsi)국의 도시인 바라나시(Bārāṇasi)를 의미한다.

09 고행주의자들은 누(漏, āsava)를 멸진하여 수행을 완성한 사람을 'Jīna', 즉 승리자라고 불렀다. 고행주의자들은 까르마(karma)가 우리의 영혼인 'jīva'에 흘러들어 오는 것을 'āsava'라고 불렀다 한역(漢譯)에서는 'āsava'를 '누(漏)'로 번역했다. 고행주의자들은 계행을 실천하여 까르마의 유입을 막고, 고행을 통해서 유입된 까르마를 소멸할 수 있다고 주장했다. 붓다도 한때 이 이론을 믿고 고행을 했으나, 고행이 무익한 것임을 깨닫고 고행을 포기했다. 고행주의자인 사명외도 우빠까는 붓다가 스스로 모든 누를 소멸한 승리자, 즉 '지나라고 선언하는가'를 붓다에게 묻고 있다.

을 본 다섯 비구는 서로 다짐했습니다.

"존자여, 저기 정진(精進)을 포기하고 사치에 빠져서 호사를 누리는 고따마 사문이 오고 있습니다. 인사도 하지 말고, 일어나서 맞이하지도 말고, 발우와 옷을 받아주지도 맙시다. 그렇지만 원한다면 앉을 수 있게 자리는 놓아둡시다."

2.11. 그런데 세존께서 다섯 비구에게 가까이 다가가시자, 다섯 비구는 자신들의 언약을 지키지 못하고 세존을 맞아들인 후에, 어떤 비구는 세존의 발우와 옷을 받았고, 어떤 비구는 자리를 마련했고, 어떤 비구는 발 씻을 물과 의자와 발수건을 가져와서 세존 곁에 두었습니다. 세존께서는 마련된 자리에 앉으신 후에 발을 씻으셨습니다. 그러자 그들이 이름과 존자라는 말로 세존을 부르면서 말을 붙여왔습니다.[10]

2.12. 이렇게 말을 붙여오자, 세존께서 다섯 비구에게 말씀하셨습니다.

"비구들이여, 여래를 이름과 존자라는 말로 부르지 마시오! 비구들이여, 여래는 아라한이며, 바른 깨달음을 이룬 붓다[等正覺]라오. 비구들이여, 귀를 기울이시오! 나는 불사(不死)를 성취했으니 가르쳐주겠소. 내가 법(法)을 설하겠소. 가르쳐준 대로 실천하면, 그대들은 오래지 않아 선남자가 집을 버리고 출가한 목적에 합당한 위없는 범행(梵行)의 완성을 지금 여기에서 몸소 체험적 지혜[勝智]로 체득하고 성취

10 'api 'ssu bhagavantaṃ nāmena ca āvusovādena ca samudācaranti'의 번역. 다섯 비구가 세존을 'āvuso Gotama'라고 부른 것에 대하여 하신 말씀이다. '존자'로 번역한 'āvuso'는 친구나 손아래 사람에 대한 일반 호칭이며, 'Gotama'는 세존의 성씨이다. 'āvuso Gotama'는 불교에 귀의하지 않은 외도들이 붓다를 부를 때 사용하는 호칭이다.

하여 살아가게 될 것이오."

2.13. 이렇게 말씀하시자, 다섯 비구는 세존께 말했습니다.

"고따마 존자여, 당신은 그렇게 열심히 수행했고, 그렇게 부지런히 실천했고, 그렇게 극심한 고행을 했지만 실로 성자에게 합당한 지견(知見)을 성취하지 못했고, 인간을 초월한 법을 얻지 못했습니다. 그런데 지금 정진을 포기하고 사치에 빠져서 호사를 누리는 당신이 어떻게 성자에게 합당한 지견을 성취하고, 인간을 초월한 법을 얻었다는 말입니까?"

2.14. 이렇게 말하자, 세존께서 다섯 비구에게 말씀하셨습니다.

"비구들이여, 여래는 정진을 포기하지 않았고, 사치에 빠져서 호사를 누리지 않았다오. 비구들이여, 나는 아라한이며, 바른 깨달음을 이룬 붓다라오. 비구들이여, 귀를 기울이시오! 나는 불사를 성취했으니 가르쳐주겠소. 내가 법을 설하겠소. 가르쳐준 대로 실천하면, 그대들은 오래지 않아 선남자가 집을 버리고 출가한 목적에 합당한 위없는 범행(梵行)의 완성을 지금 여기에서 몸소 체험적 지혜[勝智]로 체득하고 성취하여 살아가게 될 것이오."

2.15. 이렇게 말씀하시자, 다섯 비구는 다시 같은 말을 하였고, 세존께서도 다시 다섯 비구에게 같은 말씀을 하셨습니다. 그러자 다섯 비구는 세 번을 거듭 같은 말을 하였습니다.

2.16. 그러자 세존께서 다섯 비구에게 말씀하셨습니다.

"비구들이여, 그대들은 나에게 이런 말을 직접 들은 적이 있는가?"

"세존이시여,[11] 그런 적이 없습니다."

"비구들이여, 여래는 아라한이며, 바른 깨달음을 이룬 붓다라오. 비구들이여, 귀를 기울이시오! 나는 불사를 성취했으니 그대들에게 가르쳐주겠소. 내가 법을 설하겠소. 가르쳐준 대로 실천하면, 그대들은 오래지 않아 선남자가 집을 버리고 출가한 목적에 합당한 위없는 범행(梵行)의 완성을 지금 여기에서 몸소 체험적 지혜로 체득하고 성취하여 살아가게 될 것이오."

세존께서는 다섯 비구를 설득할 수 있었습니다. 그리하여 다섯 비구는 세존의 말씀을 듣고자 귀를 기울였으며, 가르침을 이해하려는 마음을 내었습니다.

2.17. 그러자 세존께서 다섯 비구에게 말씀하셨습니다.

"비구들이여, 출가수행자는 두 극단(極端)을 가까이해서는 안 된다오. 두 극단은 어떤 것인가? 하나는 감각적 욕망에 빠져서 저열한 속가(俗家) 범부들의 천박하고 무익한 감각적 쾌락에 전념하는 것이고, 하나는 자신을 괴롭히는 천박하고 무익한 고행(苦行)에 전념하는 것이라오. 비구들이여, 여래는 이 두 극단을 멀리함으로써 안목이 생기고 앎이 생겨서, 평온과 체험적 지혜와 정각(正覺)과 열반으로 이끄는 중도(中道)를 체험하고 깨달았다오.

2.18. 비구들이여, 여래가 깨달은 중도는 어떤 것인가? 그것은 거룩한 8정도(八正道), 즉 정견(正見), 정사유(正思惟), 정어(正語), 정업(正業),

---

11 'bhante'의 번역. 'bhante'는 2인칭 높임말 'bhavant'의 단수 호격(呼格)이다. 다섯 비구는 붓다를 'āvuso Gotama'라고 부르다가 여기에서부터 'bhante'라고 부르고 있다. 이것은 다섯 비구가 붓다를 스승으로 받아들였다는 것을 의미한다.

정명(正命), 정정진(正精進), 정념(正念), 정정(正定)이라오. 비구들이여, 이것이 안목이 생기고, 앎이 생겨서 여래가 체험하고 깨달은, 평온과 체험적 지혜와 정각(正覺)과 열반으로 이끄는 중도라오.

2.19. 비구들이여, 태어나서 늙고 병들어 죽는 것은 괴로움이라오[生老病死]. 근심하고, 근심하고, 슬퍼하고, 고뇌하고, 우울 하고, 불안한 것은 괴로움이라오. 미워하는 사람과 만나는 것은 괴로움이라오[怨憎會苦]. 사랑하는 사람과 이별하는 것은 괴로움이라오[愛別離苦]. 원하는 것을 얻지 못하는 것은 괴로움이라오[求不得苦]. 요컨대 (중생들이 자아로 취하여 집착하고 있는) 5취온(五取蘊)이 괴로움이라오. 비구들이여, 이것이 괴로움이라는 거룩한 진리[苦聖諦]라오.

2.20. 비구들이여, 다시 존재하기를 바라면서 기쁨과 탐욕을 수반하여 이런저런 것을 애락(愛樂)하는 갈애[愛], 즉 감각적 쾌락을 갈망하는 갈애[欲愛]와 좋아하는 것이 다시 존재하기를 갈망하는 갈애[有愛]와 싫어하는 것이 존재하지 않기를 갈망하는 갈애,[12] 이것이 괴로움의 쌓임이며, 이것은 거룩한 진리[苦集聖諦]라오.

2.21. 비구들이여, 그 갈애[愛]가 남김없이 사라지고 버려지고 완전히 포기되어, 갈애에서 해탈하여 집착이 없는 것, 이것이 괴로움의 소멸이며, 이것은 거룩한 진리[苦滅聖諦]라오.

2.22. 비구들이여, 거룩한 8정도, 즉 정견, 정사유, 정어, 정업, 정명, 정정진, 정념, 정정 이것이 괴로움의 소멸에 이르는 길이라는 거룩한 진리[苦滅道聖諦]라오.

---

12 'vibhava-taṇhā'의 번역. 싫어하는 것이 다시는 존재하지 않기를 갈망하는 마음이 무유애(無有愛)이다.

2.23. 비구들이여, 나에게 '이 괴로움은 거룩한 진리[苦聖諦]다'라는 이전에 들어본 적이 없는 법들에 대한 안목이 생기고, 앎이 생기고, 통찰지[般若]가 생기고, 명지(明智)가 생기고, 광명이 생겼다오. 비구들이여, 나에게 '이 거룩한 진리인 괴로움을 명확하게 이해해야 한다'라는 이전에 들어본 적이 없는 법들에 대한 안목이 생기고, 앎이 생기고, 통찰지가 생기고, 명지가 생기고, 광명이 생겼다오. 비구들이여, 나에게 '이 괴로움이라는 거룩한 진리를 명확하게 이해했다'라는 이전에 들어본 적이 없는 법들에 대한 안목이 생기고, 앎이 생기고, 통찰지가 생기고, 명지가 생기고, 광명이 생겼다오.

2.24. 비구들이여, 나에게 '이 괴로움의 쌓임은 거룩한 진리[苦集聖諦]다'라는 이전에 들어본 적이 없는 법들에 대한 안목이 생기고, 앎이 생기고, 통찰지가 생기고, 명지가 생기고, 광명이 생겼다오. 비구들이여, 나에게 '이 괴로움의 쌓임이라는 거룩한 진리를 제거해야 한다'라는 이전에 들어본 적이 없는 법들에 대한 안목이 생기고, 앎이 생기고, 통찰지가 생기고, 명지가 생기고, 광명이 생겼다오. 비구들이여, 나에게 '이 괴로움의 쌓임이라는 거룩한 진리를 제거했다'라는 이전에 들어본 적이 없는 법들에 대한 안목이 생기고, 앎이 생기고, 통찰지가 생기고, 명지가 생기고, 광명이 생겼다오.

2.25. 비구들이여, 나에게 '이 괴로움의 소멸은 거룩한 진리[苦滅聖諦]다'라는 이전에 들어본 적이 없는 법들에 대한 안목이 생기고, 앎이 생기고, 통찰지가 생기고, 명지가 생기고, 광명이 생겼다오. 비구들이여, 나에게 '이 괴로움의 소멸이라는 거룩한 진리를 증득(證得)해야 한다'라는 이전에 들어본 적이 없는 법들에 대한 안목이 생기고, 앎이 생

기고, 통찰지가 생기고, 명지가 생기고, 광명이 생겼다오. 비구들이여, 나에게 '이 괴로움의 소멸이라는 거룩한 진리를 증득했다'라는 이전에 들어본 적이 없는 법들에 대한 안목이 생기고, 앎이 생기고, 통찰지가 생기고, 명지가 생기고, 광명이 생겼다오.

2.26. 비구들이여, 나에게 '이 괴로움의 소멸에 이르는 길은 거룩한 진리[苦滅道聖諦]다'라는 이전에 들어본 적이 없는 법들에 대한 안목이 생기고, 앎이 생기고, 통찰지가 생기고, 명지가 생기고, 광명이 생겼다오. 비구들이여, 나에게 '이 괴로움의 소멸에 이르는 길이라는 거룩한 진리를 닦아 익혀야 한다'라는 이전에 들어본 적이 없는 법들에 대한 안목이 생기고, 앎이 생기고, 통찰지가 생기고, 명지가 생기고, 광명이 생겼다오. 비구들이여, 나에게 '이 괴로움의 소멸에 이르는 길이라는 거룩한 진리를 닦아 익혔다'라는 이전에 들어본 적이 없는 법들에 대한 안목이 생기고, 앎이 생기고, 통찰지가 생기고, 명지가 생기고, 광명이 생겼다오.

2.27. 비구들이여, 내가 이 네 가지 거룩한 진리[四聖諦]에 대하여 이렇게 3단계의 12행[三轉十二行]을 있는 그대로 알고 봄으로써 한 점 의혹 없이 확신하지 않았다면, 비구들이여, 나는 마라와 범천을 포함한 천신들의 세계와 사문과 바라문, 그리고 왕과 백성을 포함한 인간계에서 '위없는 바르고 평등한 깨달음[無上正等正覺]을 얻었다'라고 선언하지 않았을 것이오.

2.28. 비구들이여, 나는 이 네 가지 거룩한 진리[四聖諦]에 대하여 이렇게 3단계의 12행[三轉十二行]을 있는 그대로 알고 봄으로써 한 점 의혹 없이 확신했기 때문에, 비구들이여, 나는 마라와 범천을 포함한 천신

들의 세계와 사문과 바라문, 그리고 왕과 백성을 포함한 인간계에서 '위없는 바르고 평등한 깨달음[無上正等正覺]을 얻었다'라고 선언했다오.

2.29. 그리고 나에게 '이것이 마지막 태어남이다. 이제 이후의 존재[後有]는 없다'라는 확고한 지견(知見)과 마음의 해탈[心解脫]이 생겼다오."

이것이 세존께서 하신 말씀입니다. 다섯 비구는 세존의 말씀에 만족하고 기뻐했습니다. 그리고 이 설명을 하실 때, 꼰단냐(Koṇḍañña, 憍陳如) 존자에게 '쌓인 법[集法]은 어떤 것이든 모두 소멸하는 법[滅法]이다'라는 청정무구(清淨無垢)한 법안(法眼)이 생겼습니다.

2.30. 이렇게 세존께서 법륜을 굴리실 때, 대지(大地)의 신들이 "세존께서 바라나시의 이시빠따나 미가다야에서 사문이든 바라문이든 천신이든 마라든 범천(梵天)이든, 세간의 그 누구도 되돌릴 수 없는 위없는 법륜을 굴리셨다"라고 외쳤습니다.

대지의 신들의 소리를 듣고, 사대천왕(四大天王)이 "세존께서 바라나시의 이시빠따나 미가다야에서 사문이든 바라문이든 천신이든 마라든 브라만신이든, 세간의 그 누구도 되돌릴 수 없는 위없는 법륜을 굴리셨다"라고 외쳤습니다.

사대천왕의 소리를 듣고, 도리천(忉利天)의 천신들과 야마천(夜摩天)의 천신들과 도솔천(兜率天)의 천신들과 화락천(化樂天)의 천신들과 타화자재천(他化自在天)의 천신들이 "세존께서 바라나시의 이시빠따나 미가다야에서 사문이든 바라문이든 천신이든 마라든 범천이든, 세간의 그 누구도 되돌릴 수 없는 위없는 법륜을 굴리셨다"라고 외쳤습니다.

2.31. 이렇게 하여 순식간에 범천의 세계에 그 소리가 올라갔으며,

일 만 세계가 진동하고, 흔들리고, 요동쳤습니다. 그리고 천신들의 위신력(威神力)을 뛰어넘는 헤아릴 수 없는 웅장한 광명이 세간에 비쳤습니다. 그때 세존께서 우다나를 읊으셨습니다.

꼰단냐여! 참으로 그대는 이해했군요.
꼰단냐여! 참으로 그대는 이해했군요.

이렇게 해서 꼰단냐 존자에게 안냐따 꼰단냐(Aññāta Koṇḍañña)[13]라는 이름이 생겼습니다.

2.32. 법을 보고 법을 성취하고 법을 알고 법을 깊이 이해하여, 의심에서 벗어나고 의혹이 사라지고 두려움이 사라지고 스승의 가르침에 대하여 남에게 의지하지 않게 된 안냐따 꼰단냐 존자는 세존께 이렇게 말씀드렸습니다.

"세존이시여, 저는 세존 앞으로 출가하여 구족계를 받고자 합니다."

세존께서는 "오라, 비구여! 법은 잘 설해졌다. 바르게 괴로움을 소멸하기 위하여 청정한 범행(梵行)을 실천하라!"라고 말씀하셨습니다. 실로 그것이 그 존자의 구족계였습니다.

2.33. 세존께서는 법을 설하여 나머지 비구들을 가르치고 인도하셨습니다. 세존께서 법을 설하여 가르치고 인도하시자, 와빠(Vappa) 존자와 밧디야(Bhaddiya) 존자에게 '쌓인 법[集法]은 어떤 것이든 모두 소멸

13 '이해한 꼰단냐'라는 의미.

하는 법[滅法]이다'라는 청정무구한 법안(法眼)이 생겼습니다.

2.34. 법을 보고 법을 성취하고 법을 알고 법을 깊이 이해하여, 의심에서 벗어나고 의혹이 사라지고 두려움이 사라지고 스승의 가르침에 대하여 남에게 의지하지 않게 된 와빠 존자와 밧디야 존자는 세존께 이렇게 말씀드렸습니다.

"세존이시여, 저희는 세존 앞으로 출가하여 구족계를 받고자 합니다."

세존께서는 "오라, 비구들이여! 법은 잘 설해졌다. 바르게 괴로움을 소멸하기 위하여 청정한 범행(梵行)을 실천하라!"라고 말씀하셨습니다. 실로 그것이 그 존자들의 구족계였습니다.

2.35. 세존께서는 법을 설하여 나머지 비구들을 가르치고 인도하셨습니다. 세 비구가 탁발해 오면, 여섯 사람이 그것으로 살아갔습니다.

2.36. 세존께서 법을 설하여 가르치고 인도하시자, 마하나마(Mahānāma) 존자와 아싸지(Assaji) 존자에게 '쌓인 법[集法]은 어떤 것이든 모두 소멸하는 법[滅法]이다'라는 청정무구한 법안(法眼)이 생겼습니다.

2.37. 법을 보고 법을 성취하고 법을 알고 법을 깊이 이해하여, 의심에서 벗어나고 의혹이 사라지고 두려움이 사라지고 스승의 가르침에 대하여 남에게 의지하지 않게 된 마하나마 존자와 아싸지 존자는 세존께 이렇게 말씀드렸습니다.

"세존이시여, 저희는 세존 앞으로 출가하여 구족계를 받고자 합니다."

세존께서는 "오라, 비구들이여! 법은 잘 설해졌다. 바르게 괴로움을 소멸하기 위하여 청정한 범행(梵行)을 실천하라!"라고 말씀하셨습니다. 실로 그것이 그 존자들의 구족계였습니다.

2.38. 세존께서 다섯 비구에게 말씀하셨습니다.

"비구들이여, 몸의 형색[色]은 자아가 아니라오. 비구들이여, 만약 몸의 형색이 자아라면 이 몸의 형색은 병이 들지 않을 것이오. 그리고 몸의 형색에 대하여, '나의 몸의 형색은 이렇게 되어라! 나의 몸의 형색은 이렇게 되지 마라!'라고 할 수 있을 것이오. 비구들이여, 그런데 몸의 형색은 자아가 아니기 때문에 몸의 형색은 병이 들고, 몸의 형색에 대하여, '나의 몸의 형색은 이렇게 되어라! 나의 몸의 형색은 이렇게 되지 마라!'라고 할 수 없는 것이라오. 느끼는 마음[受]도, 생각하는 마음[想]도, 유위를 조작하는 행위[行]들도, 분별하는 마음[識]도 마찬가지라오.

2.39. 비구들이여, 어떻게 생각하는가? 몸의 형색은 지속하는가[常], 지속하지 않는가[無常]?"

"지속하지 않습니다. 세존이시여!"

"그렇다면, 지속하지 않는 것은 괴로움인가, 즐거움인가?"

"괴로움입니다. 세존이시여!"

"그렇다면, 지속하지 않고 괴롭고 변역(變易)하는 현상[法]을 '그것은 나의 것이다. 그것은 나다. 그것은 나의 자아다'라고 여기는 것이 옳은가?"

"그것은 옳지 않습니다. 세존이시여!"

"느끼는 마음, 생각하는 마음, 유위를 조작하는 행위들, 분별하는 마음도 마찬가지라오.

2.40. 비구들이여, 그러므로 '과거, 현재, 미래의 어떤 몸의 형색이라 할지라도, 내적으로든 외적으로든, 거친 것이든 미세한 것이든, 보잘것

없는 것이든 훌륭한 것이든, 먼 것이든 가까운 것이든, 일체의 몸의 형색은 나의 것도 아니고, 나도 아니고, 나의 자아도 아니다'라고 바른 지혜로 있는 그대로 통찰해야 한다오. 느끼는 마음, 생각하는 마음, 유위를 조작하는 행위들, 분별하는 마음도 마찬가지라오.

2.41. 비구들이여, 이렇게 보는 배움이 많은 거룩한 제자는 몸의 형색이나, 느끼는 마음, 생각하는 마음, 유위를 조작하는 행위들, 분별하는 마음에 싫증[厭離]을 낸다오. 그는 싫증을 내기 때문에 욕탐을 버리고[離貪], 욕탐을 버리기 때문에 해탈(解脫)하며, '나는 해탈했다'라고 안다오. 즉, 그는 '생(生)은 소멸했다. 청정한 범행(梵行)을 완성했으며, 해야 할 일을 끝마쳤다. 다시는 이와 같은 상태로 되지 않는다'라고 통찰한다오."

2.42. 세존께서 이렇게 말씀하시자, 다섯 비구는 세존의 말씀에 환희하고 기뻐했습니다. 그리고 이러한 설명을 하실 때 다섯 비구는 집착이 없어져서 마음이 번뇌에서 해탈했습니다.

그때 세간에 여섯 명의 아라한이 있었습니다.

제
3
장

●

전법선언
(傳法宣言)

【 해제 】

다섯 비구들을 가르쳐서 자신의 가르침이 세상에 전해질 수 있음을 확인한 붓다는 바라나시에 머무는 동안 그곳에 거주하는 야사(Yasa)가 붓다에게 출가하고, 그의 가족이 붓다에게 귀의한다. 이어서 그의 친구 54명이 붓다에게 출가하여 60명의 비구 승단이 이루어진다.

붓다는 60명의 제자들에게 "비구들이여, 많은 사람들의 이익을 위하여, 많은 사람들의 행복을 위하여 길을 떠나시오! 세간을 연민하여, 천신과 인간의 복리(福利)와 이익과 행복을 위하여 둘이 한 길로 다니지 마시오!"라고 전법의 길을 떠날 것을 간곡히 당부한다. 그리고 자신은 우루웰라에 있는 세나니가마(Senānigama)로 길을 떠난다.

우루웰라는 붓다가 고행하던 곳이다. 붓다가 우루웰라로 다시 간 것은 그곳에 큰 세력을 가지고 교단을 형성하고 있던 까싸빠(Kassapa) 삼형제가 있었기 때문이다. 어쩌면 붓다는 자신의 가르침을 널리 펴기 위해서는 우선 가장 큰 교단의 지도자들에게 자신의 가르침을 전해야 한다고 생각했는지 모른다. 그렇게 제자들에게 전법을 선언한 붓다는 홀로 우루웰라를 향해서 길을 떠난다.

우루웰라로 가는 도중에 붓다는 부인을 동반하여 숲속에서 놀고 있는 30명의 귀공자들을 만난다. 그들은 한 친구의 귀중품을 훔쳐서 달아난 기녀를 찾아다니다가 붓다와 마주친다. 그들이 붓다에게 도망

간 기녀의 행방을 묻자, 붓다는 이렇게 말한다.

"젊은이들이여, 그대들에게 중요한 것은 무엇이라고 생각하는가? 여인을 찾는 일인가, 그대들 자신을 찾는 일인가?"

이 말씀을 들은 귀공자들은 붓다의 가르침을 받아 청정한 법안(法眼)을 얻고 출가한다.

야사의 출가

3.1. 바라나시에는 빼어난 용모를 지닌 야사(Yasa)라는 부호(富豪)의 아들이 있었습니다. 그에게는 세 개의 별장이 있었습니다. 하나는 겨울에 사용하는 것이고, 하나는 여름에 사용하는 것이고, 하나는 우기(雨期)에 사용하는 것입니다. 그는 우기에 사용하는 별장에서 넉 달 동안 오로지 여인들과 유희를 즐기면서 집으로 돌아가지 않았습니다. 야사는 5욕락(五欲樂)을 빠짐없이 갖추어 즐겼으며, 밤새도록 기름등을 켜 놓고, 그가 먼저 잠들면 시녀들은 그 후에 잠을 잤습니다.

3.2. 어느 날 먼저 잠에서 깨어난 야사는 잠자고 있는 자신의 시녀들을 보았습니다. 어떤 시녀는 겨드랑이에 비파를 끼고, 어떤 시녀는 목에 장고(長鼓)를 메고, 어떤 시녀는 목에 북을 메고, 어떤 시녀는 침을 흘리고, 어떤 시녀는 머리를 풀어 헤치고, 어떤 시녀는 잠꼬대하면서 자는 모습이 마치 공동묘지에 온 것처럼 생각되었습니다. 그것을 보자 역겹다는 생각이 떠오르면서, 마음속에 환멸감이 강하게 자리 잡았습니다. 그래서 야사는 우다나를 읊었습니다.

아아! 정말 답답하다.
아아! 정말 짜증 난다.

3.3. 야사는 황금신발을 신고 대문으로 나갔습니다. 그러자 비인(非

人)들이[14] "어느 누구도 선남자 야사의 출가를 가로막지 마라!"라고 말하면서 대문을 열어주었습니다. 야사는 성문(城門)으로 향했습니다. 그러자 비인들이 "어느 누구도 선남자 야사의 출가를 가로막지 마라!"라고 말하면서 성문을 열어주었습니다. 그렇게 선남자 야사는 이시빠따나 미가다야로 갔습니다.

3.4. 그때 세존께서는 어두운 이른 새벽에 일어나서 마당에 나와 산책을 하시다가 저만치서 야사가 오는 것을 보시고, 산책을 멈추고 마련된 자리에 앉으셨습니다. 선남자 야사는 세존 가까이에서 우다나를 읊었습니다.

아아! 정말 답답하다.
아아! 정말 짜증 난다.

3.5. 그때, 세존께서 선남자 야사에게 말씀하셨습니다.

"야사여! 이곳은 답답하지 않고 짜증 나지 않는다오. 야사여! 와서 앉으시오. 내가 그대에게 법(法)을 가르쳐주리다."

'이곳은 답답하지 않고 짜증 나지 않는다'라는 말씀에 온몸이 떨리는 환희를 느낀 선남자 야사는 황금신발을 벗어던지고 세존에게 다가가서 세존께 예배한 후에 한쪽에 앉았습니다. 세존께서는 한쪽에 앉은 선남자 야사에게 순차적으로 설법[次第說法]을 하셨습니다. 보시(布施)를 말씀하시고, 지계(持戒)를 말씀하시고, 천상(天上)을 말씀하시고,

---

14 'amanussā'의 번역. 'amanussa'는 인간을 의미하는 'manussa'에 부정접두사 'a'가 결합된 것으로, '인간이 아닌 것'의 의미이다. 이것을 한역에서 '비인(非人)'으로 번역했다.

위험하고 천박하고 더러운 감각적 욕망과 감각적 욕망에서 벗어나 얻게 되는 이익을 차례차례 설명하셨습니다.

3.6. 세존께서는 선남자 야사가 유연하고 편견 없이 기쁘고 청정한 마음으로 가르침을 받아들일 수 있는 적절한 마음이 된 것을 아시고, 모든 붓다의 요결법문(要訣法門)인 괴로움[苦], 쌓임[集], 소멸[滅], 길[道]을 설명하셨습니다. 마치 오염이 안 된 깨끗한 옷이 염료를 완전히 받아들이듯이, 그 자리에서 선남자 야사에게 '쌓인 법[集法]은 어떤 것이든 모두 소멸하는 법[滅法]이다'라는 청정무구한 법안(法眼)이 생겼습니다.

3.7. 야사의 어머니는 별장에 올라갔다가 야사를 발견하지 못하자, 남편에게 가서 말했습니다.

"당신의 아들 야사가 보이지 않습니다."

야사의 아버지 부호 장자는 사방으로 말을 탄 사자(使者)를 보내고, 자신은 이시빠따나 미가다야로 갔습니다. 그는 그곳에서 버려진 황금신발을 보고 아들을 찾았습니다.

3.8. 세존께서는 저만치서 부호 장자가 오는 것을 보시고, '나는 부호 장자가 이곳으로 와도 여기에 앉아있는 야사를 보지 못하는 신통을 부려야겠다'라고 생각하셨습니다. 세존께서 그런 신통을 부리셨습니다.

3.9. 부호 장자는 세존 가까이에 와서 세존께 말씀드렸습니다.

"세존이시여, 세존께서는 야사를 보셨는지요?"

"장자여, 여기에 앉으시오. 여기에 앉으면 야사를 볼 수 있을 것이오."

부호 장자는 '여기에 앉으면 자신이 야사를 볼 수 있다'라는 말씀에 온몸이 떨리는 환희를 느끼면서 세존께 예배한 후에 한쪽에 앉았습니다.

3.10. 세존께서는 한쪽에 앉은 부호 장자에게 순차적으로 설법[次第說法]을 하셨습니다. 보시(布施)를 말씀하시고, 지계(持戒)를 말씀하시고, 천상(天上)을 말씀하시고, 위험하고 천박하고 더러운 감각적 욕망과 감각적 욕망에서 벗어나 얻게 되는 이익을 차례차례 설명하셨습니다. 세존께서는 부호 장자가 유연하고 편견 없이 기쁘고 청정한 마음으로 가르침을 받아들일 수 있는 적절한 마음이 된 것을 아시고, 모든 붓다의 요결법문인 괴로움[苦], 쌓임[集], 소멸[滅], 길[道]을 설명하셨습니다. 마치 오염이 안 된 깨끗한 옷이 염료를 완전히 받아들이듯이, 그 자리에서 부호 장자에게 '쌓인 법[集法]은 어떤 것이든 모두 소멸하는 법[滅法]이다'라는 청정무구한 법안(法眼)이 생겼습니다.

법을 보고 법을 성취하고 법을 알고 법을 깊이 이해하여, 의심에서 벗어나고 의혹이 사라지고 두려움이 사라지고 스승의 가르침에 대하여 남에게 의지하지 않게 된 부호 장자는 세존께 이렇게 말씀드렸습니다.

"훌륭합니다. 세존이시여! 훌륭합니다. 세존이시여! 세존이시여, 마치 뒤집힌 것을 바로 세우는 것 같고, 감추어진 것을 드러내는 것 같고, 길 잃은 자에게 길을 알려주는 것 같고, '눈 있는 자들은 보라!'라고 어둠 속에 등불을 비춰주는 것 같습니다. 이렇게 세존께서는 여러 가지 방법으로 진리를 알려주셨습니다. 세존이시여, 그래서 저는 세존께 귀의합니다. 가르침과 비구상가에 귀의합니다. 세존이시여, 저를 청신사(淸信士)로 받아주소서. 지금부터 살아있는 날까지 귀의하겠나이다."

그는 세간에서 세 귀의처에 귀의를 맹세한 첫 번째 청신사였습니다.[15]

3.11. 아버지에게 법을 설하는 동안, 선남자 야사는 보이는 그대로, 알려지는 그대로, 의식상태를 통찰함으로써 집착하지 않고 번뇌[漏]에서 마음이 해탈했습니다. 세존께서는 '아버지에게 법을 설하는 동안, 선남자 야사는 보이는 그대로, 알려지는 그대로 의식상태를 통찰함으로써 집착하지 않고 번뇌에서 마음이 해탈했다. 선남자 야사는 환속하여 예전에 속인(俗人)일 때처럼 감각적 쾌락을 누릴 수 없을 것이다. 그러니 나는 이제 신통을 거두어야겠다'라고 생각하시고 신통을 거두셨습니다.

3.12. 부호 장자는 앉아있는 선남자 야사를 보게 되었습니다. 그는 선남자 야사를 보고서 말했습니다.

"야사야, 네 어머니는 슬픔과 비탄에 빠져있단다. 어머니 좀 살려다오."

3.13. 선남자 야사는 세존을 쳐다보았습니다. 그러자 세존께서 부호 장자에게 말씀하셨습니다.

"장자여, 어떻게 생각하나요? 야사가 유학(有學)의 지견(知見)으로 본 법(法)은 그대가 본 것과 같다오. 그는 보이는 그대로, 알려지는 그대로, 의식상태를 통찰함으로써 집착하지 않고 번뇌[漏]에서 마음이 해탈했다오. 장자여, 야사가 환속하여 예전에 속인일 때처럼 감각적 쾌락을

---

15 붓다가 라자야따나나무 아래 계실 때 귀의한 따뿌싸와 발리까는 상가[僧伽]가 성립하기 이전에 귀의했기 때문에, 붓다[佛]와 가르침[法] 두 귀의처에 귀의했지만, 여기에서 부호 장자가 귀의할 때는 다섯 비구가 출가하여 상가[僧伽]가 이루어졌기 때문에, 그가 처음으로 붓다[佛]와 가르침[法]과 상가[僧伽]에 귀의한 재가 신도가 된 것이다.

누릴 수 있을까요?"

"결코 그럴 수 없습니다. 세존이시여!"

"장자여, 야사가 유학의 지견으로 본 법은 그대가 본 것과 같다오. 그는 보이는 그대로, 알려지는 그대로, 의식상태를 통찰함으로써 집착하지 않고 번뇌에서 마음이 해탈했다오. 장자여, 야사는 환속하여 예전에 속인일 때처럼 감각적 쾌락을 누릴 수 없다오."

3.14. "세존이시여, 야사가 집착하지 않고 번뇌에서 마음이 해탈한 것은 야사에게 이익이고, 야사에게 축복입니다. 세존이시여, 세존께서는 오늘의 공양을 저에게 허락하시고, 야사를 수종사문(隨從沙門)으로 삼아 오시옵소서."

세존께서는 침묵으로 허락하셨습니다. 부호 장자는 세존께서 허락하신 것을 알고, 자리에서 일어나 세존께 예배하고 오른쪽으로 돈 후에 떠났습니다.

3.15. 야사 선남자는 부호 장자가 떠난 직후에 세존께 말씀드렸습니다.

"세존이시여, 저는 세존 앞으로 출가하여 구족계를 받고자 합니다."

세존께서는 "오라, 비구여! 법은 잘 설해졌다. 바르게 괴로움을 소멸하기 위하여 청정한 범행(梵行)을 실천하라!"라고 말씀하셨습니다. 실로 그것이 그 존자의 구족계였습니다.

그때 세간에 일곱 명의 아라한이 있었습니다.

첫 번째 청신녀(淸信女) 이야기

3.16. 세존께서는 오전에 옷을 입고, 발우와 법의를 지니고, 야사 존자를 수종사문으로 삼아 부호 장자의 집으로 가서 마련된 자리에 앉으셨습니다. 그러자 야사 존자의 어머니와 옛 아내가 세존께 다가와서 세존께 예배하고 한쪽에 앉았습니다.

3.17. 세존께서는 한쪽에 앉은 야사 존자의 어머니와 옛 아내에게 순차적으로 설법을 하셨습니다. 보시를 말씀하시고, 지계를 말씀하시고, 천상을 말씀하시고, 위험하고 천박하고 더러운 감각적 욕망과 감각적 욕망에서 벗어나 얻게 되는 이익을 차례차례 설명하셨습니다. 세존께서는 야사 존자의 어머니와 옛 아내가 유연하고 편견 없이 기쁘고 청정한 마음으로 가르침을 받아들일 수 있는 적절한 마음이 된 것을 아시고, 모든 붓다의 요결법문인 괴로움, 쌓임, 소멸, 길을 설명하셨습니다. 마치 오염이 안 된 깨끗한 옷이 염료를 완전히 받아들이듯이, 그 자리에서 야사 존자의 어머니와 옛 아내에게 '쌓인 법은 어떤 것이든 모두 소멸하는 법이다'라는 청정무구한 법안이 생겼습니다.

3.18. 법을 보고 법을 성취하고 법을 알고 법을 깊이 이해하여, 의심에서 벗어나고 의혹이 사라지고 두려움이 사라지고 스승의 가르침에 대하여 남에게 의지하지 않게 된 야사 존자의 어머니와 옛 아내는 세존께 이렇게 말씀드렸습니다.

"훌륭합니다. 세존이시여! 훌륭합니다. 세존이시여! 세존이시여, 마치 뒤집힌 것을 바로 세우는 것 같고, 감추어진 것을 드러내는 것 같고, 길 잃은 자에게 길을 알려주는 것 같고, '눈 있는 자들은 보라!'라고 어둠 속에 등불을 비춰주는 것 같습니다. 이렇게 세존께서는 여러 가지 방법으로 진리를 알려주셨습니다. 세존이시여, 그래서 저는 세존께 귀의합니다. 가르침과 비구상가에 귀의합니다. 세존이시여, 저희를 청신녀(淸信女)로 받아주소서. 지금부터 살아있는 날까지 귀의하겠나이다."

그녀들은 세간에서 세 귀의처에 귀의를 맹세한 첫 번째 청신녀였습니다.

3.19. 야사 존자의 어머니와 아버지, 그리고 옛 아내는 세존과 야사 존자에게 단단하고 부드러운 갖가지 훌륭한 음식을 손수 올려 만족하게 한 후에, 세존께서 공양을 마치고 발우에서 손을 떼자 한쪽에 앉았습니다. 세존께서는 법을 설하여 한쪽에 앉은 야사 존자의 어머니와 아버지, 그리고 옛 아내를 가르치고 격려하고 칭찬하고 기쁘게 하신 후에 자리에서 일어나 떠나셨습니다.

야사의 친구 4명의 출가

3.20. 야사 존자에게는 바라나시에서 손꼽히는 부호들의 아들들인 네 명의 속가(俗家) 친구들이 있었습니다. 그들은 위말라(Vimala), 수바후(Subāhu), 뿐냐지(Puññaji), 가왐빠띠(Gavampati)였습니다. 그들은 선남자 야사가 머리와 수염을 깎고, 가사(袈裟)를 입고 집을 떠나 출가했다는 말을 듣고서, '선남자 야사가 머리와 수염을 깎고, 가사를 입고 집을 떠나 출가한 것을 보면, 그것은 분명히 시시한 가르침[法]과 율(律)이 아닐 것이다. 그것은 시시한 출가가 아닐 것이다'라고 생각했습니다.

3.21. 네 사람은 야사 존자를 찾아가서 야사 존자에게 인사를 한 후에 한쪽에 서 있었습니다. 야사 존자는 그 네 속가 친구를 데리고 세존을 찾아가서 세존께 예배한 후에 한쪽에 앉았습니다. 야사 존자가 세존께 말씀드렸습니다.

"세존이시여, 이들 네 선남자는 제 속가 친구로서, 바라나시에서 손꼽히는 부호인 위말라, 수바후, 뿐냐지, 가왐빠띠입니다. 세존께서는 이 네 사람을 가르치고 인도하여 주십시오!"

3.22. 세존께서는 그들에게 순차적으로 설법을 하셨습니다. 보시를 말씀하시고, 지계를 말씀하시고, 천상을 말씀하시고, 위험하고 천박하고 더러운 감각적 욕망과 감각적 욕망에서 벗어나 얻게 되는 이익을 차례차례 설명하셨습니다. 세존께서는 그들이 유연하고 편견 없는 기쁘고 청정한 마음으로 가르침을 받아들일 수 있는 적절한 마음이 된 것을 아시고, 모든 붓다의 요결법문인 괴로움, 쌓임, 소멸, 길을 설명하셨습니다. 마치 오염이 안 된 깨끗한 옷이 염료를 완전히 받아들이듯이, 그 자리에서 그들에게 '쌓인 법은 어떤 것이든 모두 소멸하는 법이다'라는 청정무구한 법안이 생겼습니다.

3.23. 법을 보고 법을 성취하고 법을 알고 법을 깊이 이해하여, 의심에서 벗어나고 의혹이 사라지고 두려움이 사라지고 스승의 가르침에 대하여 남에게 의지하지 않게 된 그들은 세존께 이렇게 말씀드렸습니다.

"세존이시여, 저희는 세존 앞으로 출가하여 구족계를 받고자 합니다."

세존께서는 "오라, 비구들이여! 법은 잘 설해졌다. 바르게 괴로움을 소멸하기 위하여 청정한 범행(梵行)을 실천하라!"라고 말씀하셨습니다. 실로 그것이 그 존자들의 구족계였습니다. 세존께서 그 비구들을 법도에 맞는 말로 가르치고 인도하시자, 그들은 집착하지 않고 번뇌에서 마음이 해탈했습니다.

그때 세간에 11명의 아라한이 있었습니다.

야사의 친구 50명의 출가

3.24. 야사 존자에게는 50명의 속가 친구들이 있었습니다. 그들은 바라나시에서 손꼽히는 오랜 전통을 지닌 집안의 아들들이었습니다. 그들은 선남자 야사가 머리와 수염을 깎고, 가사를 입고 집을 떠나 출가했다는 말을 듣고 '선남자 야사가 머리와 수염을 깎고, 가사를 입고 집을 떠나 출가한 것을 보면, 그것은 분명히 시시한 가르침과 율이 아닐 것이다. 그것은 시시한 출가가 아닐 것이다'라고 생각했습니다.

3.25. 그들은 야사 존자를 찾아가서 야사 존자에게 인사를 한 후에 한쪽에 서 있었습니다. 야사 존자는 그들을 데리고 세존을 찾아가서 세존께 예배한 후에 한쪽에 앉았습니다. 한쪽에 앉은 야사 존자가 세존께 말씀드렸습니다.

"세존이시여, 이들은 제 속가 친구로서, 바라나시에서 손꼽히는 오랜 전통을 지닌 집안의 아들들입니다. 세존께서는 이들을 가르치고 인도하여 주십시오."

3.26. 세존께서는 그들에게 순차적으로 설법을 하셨습니다. 보시를 말씀하시고, 지계를 말씀하시고, 천상을 말씀하시고, 위험하고 천

박하고 더러운 감각적 욕망과 감각적 욕망에서 벗어나 얻게 되는 이익을 차례차례 설명하셨습니다. 세존께서는 그들이 유연하고 편견 없는 기쁘고 청정한 마음으로 가르침을 받아들일 수 있는 적절한 마음이 된 것을 아시고, 모든 붓다의 요결법문인 괴로움, 쌓임, 소멸, 길을 설명하셨습니다. 마치 오염이 안 된 깨끗한 옷이 염료를 완전히 받아들이듯이, 그 자리에서 그들에게 '쌓인 법은 어떤 것이든 모두 소멸하는 법이다'라는 청정무구한 법안이 생겼습니다.

3.27. 법을 보고 법을 성취하고 법을 알고 법을 깊이 이해하여, 의심에서 벗어나고 의혹이 사라지고 두려움이 사라지고 스승의 가르침에 대하여 남에게 의지하지 않게 된 그들은 세존께 이렇게 말씀드렸습니다.

"세존이시여, 저희는 세존 앞으로 출가하여 구족계를 받고자 합니다."

세존께서는 "오라, 비구들이여! 법은 잘 설해졌다. 바르게 괴로움을 소멸하기 위하여 청정한 범행을 실천하라!"라고 말씀하셨습니다. 실로 그것이 그 존자들의 구족계였습니다. 세존께서 그 비구들을 법도에 맞는 말로 가르치고 인도하시자, 그들은 집착하지 않고 번뇌에서 마음이 해탈했습니다.

그때 세간에 61명의 아라한이 있었습니다.

전법선언(傳法宣言)

3.28. 그때 세존께서 비구들에게 말씀하셨습니다.

"비구들이여, 나는 천상과 인간의 모든 덫에서 벗어났고, 여러분도 천상과 인간의 모든 덫에서 벗어났다오. 비구들이여, 많은 사람의 이익을 위하여, 많은 사람의 행복을 위하여 길을 떠나시오. 세간을 연민하여, 천신과 인간의 복리(福利)와 이익과 행복을 위하여 둘이 한 길로 다니지 마시오! 비구들이여, 처음도 좋고, 중간도 좋고, 마지막도 좋은 법을 의미 있는 말로 명쾌하게 설하시오! 완전하고 원만하고 청정한 범행을 드러내 보여주시오. 법을 듣지 못해서 타락한 눈에 때가 끼지 않은 중생들이 있다오. 그들은 법을 이해할 수 있을 것이오. 비구들이여, 나는 법을 설하기 위해서 우루웰라에 있는 세나니가마(Senānigama)로 가겠소."

삼귀의(三歸依)에 의한 수계(授戒) 이야기

3.29. 그때 비구들은 '세존께서 사람들을 출가시키고 수계(授戒)를 하실 것이다'라고 생각하고, 여러 지역, 여러 지방에서 출가를 희망하고 구족계를 희망하는 이들을 데려왔습니다. 그럴 때 비구들은 물론, 출가를 희망하고 구족계를 희망하는 사람들도 피곤했습니다. 어느 날 세존께서 홀로 좌선할 때 마음속에 이런 생각이 떠올랐습니다.

'지금은 비구들이, '세존께서 이들을 출가시키고, 수계를 하실 것이다'라고 생각하고, 여러 지역, 여러 지방에서 출가를 희망하고 구족계를 희망하는 사람들을 데려온다. 그럴 때 비구들은 물론, 출가를 희망하고 수계를 희망하는 사람들도 피곤하다. 내가 비구들에게 '비구들이여, 이제는 각자 머무는 지역과 지방에서 그대들이 출가시키고 수계를 하라'라고 허락하는 것이 좋겠다.'

3.30. 세존께서는 선정에서 일어나시어, 그 일로 인해서 비구들을 모아 법도에 맞게 말씀하셨습니다.

"비구들이여, 내가 홀로 좌선할 때 '지금은 비구들이 여러 지역, 여러 지방에서 출가를 희망하고, 수계를 희망하는 사람들을 데려온다. 앞으로는 내가 비구들에게 각자 머무는 지역과 지방에서 출가시키고 수계를 하도록 허락하는 것이 좋겠다'라는 생각이 떠올랐다오.

3.31. 비구들이여, 내가 허락하나니, 앞으로는 그대들이 각자 머무는 지역과 지방에서 출가를 희망하고, 구족계를 희망하는 사람들을 출가시키고 수계를 하시오! 비구들이여, 다음과 같이 출가시키고, 수계를 하시오!

먼저 머리와 수염을 깎도록 하고, 가사를 입힌 다음, 한쪽 어깨에 상의를 걸치게 한 후에 비구들의 발에 절하게 하고, 무릎을 꿇고 앉게 한 후에 합장하고 다음과 같이 말하도록 하시오!

3.32.

부처님께 귀의합니다. 가르침에 귀의합니다. 상가[僧伽]에 귀의합니다.

두 번째로, 부처님께 귀의합니다. 두 번째로, 가르침에 귀의합니다. 두 번째로, 상가에 귀의합니다.

세 번째로, 부처님께 귀의합니다. 세 번째로, 가르침에 귀의합니다. 세 번째로, 상가에 귀의합니다.

비구들이여, 나는 이 삼귀의에 의한 출가와 수계를 허락합니다."

이치에 맞게 생각하고 바르게 정진하라

3.33. 우기(雨期)의 안거(安居)를 마치신 세존께서 비구들에게 말씀하셨습니다.

"비구들이여, 나는 이치에 맞는 생각, 이치에 맞는 바른 정진으로 위없는 해탈을 성취했고, 위없는 해탈을 증득(證得)했다오. 비구들이여, 그대들도 이치에 맞는 생각, 이치에 맞는 바른 정진으로 위없는 해탈을 성취하고, 위없는 해탈을 증득하도록 하시오!"

3.34. 그러자 마라 빠삐만이 세존을 찾아와서 세존께 게송으로 말을 걸어왔습니다.

천상과 인간의
모든 덫에 그대는 묶여있다네.
커다란 결박에 묶여있다네.
사문이여, 그대는 나를 벗어날 수 없다네.

그러자 세존께서도 게송으로 답했습니다.

> 천상과 인간의
> 모든 덫에서 나는 벗어났다네.
> 커다란 결박에서 벗어났다네.
> 죽음의 신이여, 나는 이미 그대를 죽였다네.

세존의 답변을 들은 마라 빠삐만은 "세존께서 나를 알아보았다. 선서(善逝)께서 나를 알아보았다"라고 괴로워하고 슬퍼하면서 그곳에서 바로 사라졌습니다.

30명의 귀공자

3.35. 세존께서는 바라나시에서 적절하게 머무신 후에 우루웰라로 길을 떠났습니다. 세존께서는 길을 가다가 길에서 벗어나 숲속으로 들어가서 어떤 나무 아래 앉으셨습니다. 그때 30명의 귀공자가 부인을 동반하여 그 숲속에서 놀고 있었습니다. 한 친구는 부인이 없었기 때문에 기녀를 데리고 왔습니다. 그런데 그 기녀가 그들이 방심하고 노는 틈을 타서 그 친구의 재물을 가지고 달아났습니다.

3.36. 친구들은 그 친구를 도와서 그 여인을 찾아 숲속을 돌아다니다가 나무 아래에 앉아있는 세존을 보았습니다. 그들은 세존을 보자 다가가서 세존께 말씀드렸습니다.

"세존이시여, 세존께서는 한 여인을 보시지 않았나요?"

"젊은이들이여, 그대들은 왜 여인을 찾는가?"

"우리는 부인을 동반하여 이 숲속에서 놀고 있었습니다. 한 친구는 부인이 없었기 때문에 기녀를 데리고 왔습니다. 그런데 그 기녀가 우리들이 방심하고 노는 틈을 타서 친구의 재물을 가지고 달아났습니다. 우리는 친구를 도와서 그 여인을 찾아 숲속을 돌아다니고 있습니다."

3.37. "젊은이들이여, 그대들에게 중요한 것은 무엇이라고 생각하는가? 여인을 찾는 일인가, 자신을 찾는 일인가?"

"세존이시여, 우리에게 중요한 것은 우리 자신을 찾는 일입니다."

"젊은이들이여, 그렇다면 그대들은 앉으시오. 내가 그대들에게 법을 설하겠소."

그 귀공자들은 "그렇게 하겠습니다"라고 말한 후에, 세존께 예배하고 한쪽에 앉았습니다.

3.38. 세존께서는 그들에게 순차적으로 설법을 하셨습니다. 보시를 말씀하시고, 지계를 말씀하시고, 천상을 말씀하시고, 위험하고 천박하고 더러운 감각적 쾌락과 감각적 쾌락에서 벗어나 얻게 되는 이익을 차례차례 설명하셨습니다. 세존께서는 그들이 유연하고 편견 없이 기쁘고 청정한 마음으로 가르침을 받아들일 수 있는 적절한 마음이 된 것을 아시고, 모든 붓다의 요결법문인 괴로움, 쌓임, 소멸, 길을 설명하셨습니다. 마치 오염이 안 된 깨끗한 옷이 염료를 완전히 받아들이듯이, 그 자리에서 그들에게 '쌓인 법은 어떤 것이든 모두 소멸하는 법이다'라는 청정무구한 법안(法眼)이 생겼습니다.

3.39. 법을 보고 법을 성취하고 법을 알고 법을 깊이 이해하여, 의심에서 벗어나고 의혹이 사라지고 두려움이 사라지고 스승의 가르침에 대하여 남에게 의지하지 않게 된 그들은 세존께 이렇게 말씀드렸습니다.

"세존이시여, 저희는 세존 앞으로 출가하여 구족계를 받고자 합니다."

세존께서는 "오라, 비구들이여! 법은 잘 설해졌다. 바르게 괴로움을 소멸하기 위하여 청정한 범행(梵行)을 실천하라!"라고 말씀하셨습니다. 실로 그것이 그 존자들의 구족계였습니다.

제
4
장

●

우루웰라의 기적

【 해제 】

전법선언을 한 붓다가 향한 곳은 우루웰라(Uruvela)였다. 붓다는 그 당시 우루웰라에서 큰 세력을 가지고 활동하던 까싸빠(Kassapa) 삼형제를 찾아갔다. 우루웰라는 붓다가 오랫동안 머물면서 수행하고 깨달음을 성취했던 곳이어서 까싸빠 삼형제를 잘 알고 있었을 것이다. 그렇다면 왜 붓다는 깨달음을 성취한 후에 가까운 곳에 있는 까싸빠에게 가지 않고 다섯 비구를 찾아 바라나시까지 먼 길을 갔을까? 그리고 다시 우루웰라로 그들을 찾아갔을까?

붓다는 자신이 깨달은 진리를 다른 사람들에게 전할 수 있을 것인지에 대한 확신이 필요했다. 그래서 그는 누구보다 자신에 대하여 잘 아는 다섯 비구를 통해서 그 확신을 얻고자 그들을 먼저 찾아간 것이다. 붓다는 바라나시에서 다섯 비구는 물론 야사와 야사의 친구들까지 자신의 가르침을 받아들이는 것을 보고 확신을 얻는다. 이제 더 이상 주저할 필요가 없다고 생각한 붓다는 60명의 제자들에게 전법선언을 하고 자신은 홀로 우루웰라로 돌아간다.

붓다는 세상에 붓다가 출현한 것을 널리 알리고, 진리를 전하기 위해서는 큰 세력을 가진 까싸빠 삼형제가 필요했을 것이다. 많은 사람이 추종하는 종교 지도자가 붓다의 제자가 된다면 불교를 널리 전하는데 이보다 좋은 일은 없을 것이다. 그러나 이미 사회적으로 명예와 지위를 성취한 종교 지도자를 자신의 신념을 버리고 다른 사람의 가르침을 따르도록 한다는 것은 결코 쉬운 일이 아니다. 그렇지만 자신의 깨달음에 확신을 가진 붓다는 이 일에 도전하여 성공한다. 그래서 이 장의 이름은 우루웰라의 기적이다. 붓다는 우루웰라에서 까싸빠 삼형제를 교화함으로써 기적 같은 일을 해낸 것이다.

초기 불경에 붓다가 기적을 행한 일은 잘 보이지 않는다. 오히려 붓다는 여러 곳에서 신통을 보이는 일을 경계한다. 그런데 여기에서는 수많은 기적을 보였다고 이야기하고 있다. 맹독을 지닌 커다란 독사를 제압하여 조그마한 뱀으로 만들어 발우 속에 넣어버리고, 사천왕(四天王)과 신들의 왕 삭까(Sakka)와 범천(梵天)의 예배를 받고, 까싸빠의 속마음을 알아보아도 까싸빠는 붓다를 인정하지 않는다.

여기에서 붓다가 보인 기적으로 묘사한 일들은 실제로 붓다가 행한 기적이 아니라 까싸빠를 제자로 만드는 일이 그만큼 어려운 일이었음을 보여주는 것이다. 하지만 붓다는 까싸빠를 삼형제와 그를 따르는 결발수행자(結髮修行者)들을 제자로 만드는 기적 같은 일을 이루어 낸다. 일거에 1,000명의 제자를 얻은 붓다는 그들을 자신이 도를 성취한 가야(Gayā)로 데려가서 불을 숭배하던 그들에게 "일체는 불타고 있다"라는 설법을 한다. 이것이 까싸빠의 제화당(祭火堂)에서 불을 뿜으며 달려드는 독룡(毒龍)을 상대로 보인, 불로써 불을 제압한 붓다의 기적이다.

첫 번째 기적

4.1. 세존께서는 여행을 계속하여 마침내 우루웰라(Uruvela)에 도착하셨습니다. 우루웰라에는 세 명의 결발수행자(結髮修行者) 우루웰라까싸빠(Uruvelakassapa), 나디까싸빠(Nadīkassapa), 가야까싸빠(Gayākassapa)가 살고 있었습니다. 우루웰라까싸빠는 결발수행자 500명의 우두머리 지도자였고, 나디까싸빠는 결발수행자 300명의 우두머리 지도자였으며, 가야까싸빠는 결발수행자 200명의 우두머리 지도자였습니다.

4.2. 세존께서는 결발수행자 우루웰라까싸빠의 수도원으로 가서 우루웰라까싸빠에게 말씀하셨습니다.

"까싸빠여, 괜찮다면 불을 모신 그대의 제화당(祭火堂)에서[16] 하룻밤 머물고 싶습니다."

"대사문(大沙門)이여,[17] 나는 괜찮지만, 거기에는 맹독이 있고 신통력이 있는 용왕(龍王)이 있습니다. 그대는 그를 제압하지 못할 것입니다."

세존께서는 두 번, 세 번을 거듭하여 "까싸빠여, 괜찮다면 그대의

---

16 'agyāgāre'의 번역. 'agyāgāra'는 '불'을 의미하는 'aggi'와 '집'을 의미하는 'agāra'의 합성어로서 '불이 있는 집'을 의미한다. 우루웰라의 까싸빠 삼형제는 불을 피워 제사를 올리는 사제(司祭)들이다. 바라문교에서는 제사에 사용하는 불을 신(神)으로 생각했다. 'agyāgāra'는 제사에 사용할 신성한 불씨를 보관하는 집으로 생각되어 '제화당(祭火堂)'으로 번역했다.

17 'mahāsamaṇa'의 번역. 대사문(大沙門)으로 번역한 'mahāsamaṇa'는 부처님에 대한 호칭이다. 우루웰라까싸빠가 이 호칭을 사용하는 것으로 보아, 붓다는 우루웰라에서 수행할 때 이미 널리 알려져서 'mahāsamaṇa', 즉 '훌륭한 수행자'로 불린 것 같다.

제화당에서 하룻밤을 머물고 싶습니다"라고 말씀하셨습니다.

우루웰라까싸빠는 그때마다 "대사문이여, 나는 괜찮지만, 거기에는 맹독이 있고 신통력이 있는 커다란 용왕이 있습니다. 그대는 그를 제압하지 못할 것입니다"라고 말했습니다.

세존께서 우루웰라까싸빠에게 말씀하셨습니다.

"아마 그는 나를 해치지 않을 것입니다. 까싸빠여, 나에게 제화당에서 머무르는 것을 허락해 주십시오."

"대사문이여, 그렇다면 그렇게 하십시오."

4.3. 세존께서는 제화당에 들어가 한쪽에 풀로 만든 자리를 펴신 후에 가부좌를 하고, 몸을 똑바로 세우고 앉아서 정신을 바짝 차리고 주의집중을 하셨습니다. 그러자 그 용은 세존께서 들어오신 것을 보고, 기분이 상하고 독이 올라 불을 내뿜었습니다. 그때 세존께서는 '나는 이 용의 피부와 가죽과 살과 뼈와 골수를 손상하지 않고 불로써 불을 소멸해야겠다'라고 생각하셨습니다.

4.4. 세존께서는 그와 같은 신통을 부려 불을 내뿜었습니다. 그러자 그 용은 화를 참지 못하고 더욱 불을 뿜었습니다. 세존께서도 화계(火界)에 들어가서 불을 뿜었습니다. 두 불길은 마치 제화당을 모두 태울 것처럼 타올랐습니다. 결발수행자들은 제화당을 둘러싸고서 "여보게, 참으로 준수한 대사문이 용에게 죽게 되었네!"라고 말했습니다.

4.5. 세존께서는 그날 밤을 지새우며 그 용의 피부와 가죽과 살과 뼈와 골수를 손상하지 않고 불로써 불을 소멸하신 후에 발우(鉢盂)에 넣어서 결발수행자 우루웰라까싸빠에게 보여주셨습니다.

"까싸빠여, 이것이 불에 의해서 불이 소멸한 그대의 용입니다."

그때 결발수행자 우루웰라까싸빠는 '맹독이 있고 신통력이 있는 커다란 용왕의 피부와 가죽과 살과 뼈와 골수를 손상하지 않고 불로써 불을 소멸하다니, 대사문의 신통력은 참으로 큰 위력이 있구나! 그렇지만 나와 같은 아라한은 못 된다'라고 생각했습니다.

4.6. 결발수행자 우루웰라까싸빠는 이 불가사의한 기적을 보고 믿음을 일으켜 세존께 "대사문이여, 여기에 머무십시오. 제가 당신에게 항상 식사를 올리겠습니다"라고 말씀드렸습니다.

두 번째 기적

4.7. 세존께서는 결발수행자 우루웰라까싸빠의 수도원 근처의 숲속에 머무셨습니다. 그날 밤이 되자 사천왕이 휘황찬란한 모습으로 온 숲을 밝히면서 세존을 찾아와 세존께 예배하고, 마치 거대한 불덩어리처럼 사방을 밝히며 서 있었습니다.

4.8. 그날 밤이 지나자, 결발수행자 우루웰라까싸빠가 세존을 찾아와서 말했습니다.

"대사문이여, 식사가 준비되었습니다. 대사문이여, 그런데 밤이 되자 휘황찬란한 모습으로 온 숲을 밝히면서 그대를 찾아와서 그대에게 예배하고, 마치 거대한 불덩어리처럼 사방에 서 있던 사람들은 누구입니까?"

"까싸빠여, 그들은 사천왕입니다. 그들이 법을 듣기 위해 나를 찾아왔습니다."

결발수행자 우루웰라까싸빠는 '사천왕이 법을 듣기 위해 찾아오다니, 대사문의 신통력은 참으로 큰 위력이 있구나! 그렇지만 나와 같은 아라한은 못 된다'라고 생각했습니다.

세 번째 기적

4.9. 그날 밤이 되자 신들의 왕 삭까(Sakka)가 이전의 사천왕보다 훨씬 더 휘황찬란한 모습으로 온 숲을 밝히면서 세존을 찾아와 세존께 예배하고, 마치 거대한 불덩어리처럼 한쪽에 서 있었습니다. 그 모습은 이전보다 훨씬 더 휘황찬란했습니다.

4.10. 그날 밤이 지나자, 결발수행자 우루웰라까싸빠가 세존을 찾아와서 말했습니다.

"대사문이여, 식사가 준비되었습니다. 대사문이여, 그런데 밤이 되자 이전의 사천왕보다 훨씬 더 휘황찬란한 모습으로 온 숲을 밝히면서 그대를 찾아와서 그대에게 예배하고, 마치 거대한 불덩어리처럼 한쪽에 서 있던 사람은 누구입니까?"

"까싸빠여, 그는 신들의 왕 삭까입니다. 그가 법을 듣기 위해 나를 찾아왔습니다."

결발수행자 우루웰라까싸빠는 '신들의 왕 삭까가 법을 듣기 위해 찾아오다니, 대사문의 신통력은 참으로 큰 위력이 있구나! 그렇지만 나와 같은 아라한은 못 된다'라고 생각했습니다.

세존께서는 결발수행자 우루웰라까싸빠의 음식을 드시고 그 숲에 머무셨습니다.

네 번째 기적

4.11. 그날 밤이 되자 사함빠띠(Sahampati) 범천(梵天)이 이전의 삭까보다 훨씬 더 휘황찬란한 모습으로 온 숲을 밝히면서 세존을 찾아와 세존께 예배하고, 마치 거대한 불덩어리처럼 한쪽에 서 있었습니다. 그 모습은 이전보다 훨씬 더 휘황찬란했습니다.

4.12. 그날 밤이 지나자, 결발수행자 우루웰라까싸빠가 세존을 찾아와서 말했습니다.

"대사문이여, 식사가 준비되었습니다. 대사문이여, 그런데 밤이 되자 이전의 사천왕보다 훨씬 더 휘황찬란한 모습으로 온 숲을 밝히면서 그대를 찾아와서 그대에게 예배하고, 마치 거대한 불덩어리처럼 한쪽에 서 있던 사람은 누구입니까?"

"까싸빠여, 그는 사함빠띠 범천입니다. 그가 법을 듣기 위해 나를 찾아왔습니다."

그때 결발수행자 우루웰라까싸빠는 '사함빠띠 범천이 법을 듣기 위해 찾아오다니, 대사문의 신통력은 참으로 큰 위력이 있구나! 그렇지만 나와 같은 아라한은 못 된다'라고 생각했습니다.

세존께서는 결발수행자 우루웰라까싸빠의 음식을 드시고 그 숲에 머무셨습니다.

다섯 번째 기적

4.13. 그때 결발수행자 우루웰라까싸빠는 큰 제사를 준비하고 있었으며, 앙가(Aṅga)와 마가다(Magadha)의 모든 지역에서 단단하고 부드러운 많은 음식을 가지고 오고 있었습니다. 결발수행자 우루웰라까싸빠는 이렇게 생각했습니다.

'나는 지금 큰 제사를 준비하고 있고, 앙가와 마가다의 모든 지역에서 단단하고 부드러운 많은 음식을 가지고 오고 있다. 만약에 대사문이 대중들 가운데서 신통을 부리면, 대사문의 소득과 숭배는 증대하고 나의 소득과 숭배는 감소할 것이다. 내일은 대사문이 오지 않으면 좋으련만!'

4.14. 세존께서는 결발수행자 우루웰라까싸빠가 마음으로 생각하는 바를 아시고, 웃따라꾸루(Uttarakuru)에 가서 탁발하신 후에, 아노땃따(Anotatta) 호수에서 음식을 드시고 그곳에서 오후의 휴식을 취하셨습니다.

그날 밤이 지나자, 결발수행자 우루웰라까싸빠는 세존을 찾아와서 말했습니다.

"대사문이여, 식사가 준비되었습니다. 대사문이여, 그런데 어제는 왜 오시지 않았습니까? 그때 우리는 '대사문께서 왜 오시지 않나?'라고 의아해했습니다. 단단하고 부드러운 음식들 가운데 그대의 몫으로 남겨둔 것입니다."

4.15. "까싸빠여, 그대는 '나는 지금 큰 제사를 준비하고 있고, 앙가와 마가다의 모든 지역에서 단단하고 부드러운 많은 음식을 가지고 오

고 있다. 만약에 대사문이 대중들 가운데서 신통을 부리면, 대사문의 소득과 숭배는 증대하고 나의 소득과 숭배는 감소할 것이다. 내일은 대사문이 오지 않으면 좋으련만!'이라고 생각하지 않았나요?

4.16. 까싸빠여, 나는 그대가 마음으로 생각하는 바를 알고, 웃따라꾸루에 가서 탁발한 후에, 아노땃따 호수에서 음식을 먹고 그곳에서 오후의 휴식을 취했습니다."

그때 결발수행자 우루웰라까싸빠는 '마음으로 생각하는 바를 통찰할 수 있다니, 대사문의 신통력은 참으로 큰 위력이 있구나! 그렇지만 나와 같은 아라한은 못 된다'라고 생각했습니다.

세존께서는 결발수행자 우루웰라까싸빠의 음식을 드시고 그 숲에 머무셨습니다.

까싸빠 삼형제의 귀의

4.17. 그때 세존에게 분소의(糞掃衣)가[18] 생겼습니다. 세존께서는 '어디에서 이 분소의를 빨아야 할까?'라고 생각하셨습니다. 신들의 왕 삭까(Sakka)가[19] 세존께서 마음으로 생각하시는 바를 헤아려 알고, 손으로 연못을 판 후에 세존께 말씀드렸습니다.

---

18 'paṃsukūlaṃ'의 번역. 당시의 수행자들은 버려진 더러운 옷을 빨아서 기워 입었다. 'paṃsukūlaṃ'은 이런 옷을 의미하며, 한역에서 '분소의(糞掃衣)'로 번역한다.

19 'Sakko devānam indo'의 번역. 'Sakka'는 도리천(忉利天), 즉 33천(天)의 왕의 이름이다. 인드라천, 제석천(帝釋天)으로 불리는 33천에는 33명의 천신들이 있는데, 이들의 왕이 'Sakka'다. 그래서 'Sakka'를 '신들의 왕'이라고 한다.

"세존이시여, 세존께서는 여기에서 분소의를 빠십시오."

세존께서는 '무엇에다 분소의를 두들겨야 할까?'라고 생각하셨습니다. 신들의 왕 삭까가 세존께서 마음으로 생각하시는 바를 알고, 커다란 바위를 가져다 놓은 후에 세존께 말씀드렸습니다.

"세존이시여, 세존께서는 여기에다 분소의를 두들기십시오."

4.18. 세존께서는 '무엇을 붙잡고 올라가야 할까?'라고 생각하셨습니다. 그러자 까꾸다(Kakudha)나무에 살고 있는 신이 세존께서 마음으로 생각하시는 바를 알고, 가지를 휜 후에 세존께 말씀드렸습니다.

"세존이시여, 세존께서는 이것을 붙잡고 올라가십시오."

세존께서는 다시 '어디에다 분소의를 말려야 할까?'라고 생각하셨습니다. 그러자 신들의 왕 삭까가 세존께서 마음으로 생각하시는 바를 알고, 커다란 바위를 가져다 놓은 후에 세존께 말씀드렸습니다.

"세존이시여, 세존께서는 여기에다 분소의를 말리십시오."

그날 밤이 지나자, 결발수행자 우루웰라까싸빠는 세존을 찾아와서 말했습니다.

"대사문이여, 식사가 준비되었습니다. 대사문이여, 그런데 어찌하여 전에는 여기에 없던 연못이 생겼으며, 전에는 여기에 놓여있지 않던 바위가 놓여있으며, 전에는 휘지 않았던 까꾸다나무의 가지가 휘어있습니까?"

4.19. 세존께서는 까싸빠에게 분소의가 생겨서 빨래할 때 삭까가 연못을 만들고 바위를 옮기고, 까꾸다나무에 살고 있는 신이 까꾸다 나

뭇가지를 굽힌 이야기를 해주셨습니다.[20]

4.20. 결발수행자 우루웰라까싸빠는 '삭까가 연못을 만들고, 바위를 옮기고, 까꾸다나무에 살고 있는 신이 까꾸다나무의 가지를 굽혀서 빨래를 돕다니, 대사문의 신통력은 참으로 큰 위력이 있구나! 그렇지만 나와 같은 아라한은 못 된다'라고 생각했습니다.

세존께서는 결발수행자 우루웰라까싸빠의 음식을 드시고 그 숲에 머무셨습니다.

4.21. 그날 밤이 지나자, 결발수행자 우루웰라까싸빠는 세존을 찾아와서 세존께 식사 시간을 알렸습니다.

"대사문이여, 식사가 준비되었습니다."

"까싸빠여! 그대는 먼저 가십시오. 나는 나대로 가겠습니다."

세존께서는 결발수행자 우루웰라까싸빠를 떠나보낸 후에 잠부디빠(Jambudīpa)라는 이름의 유래가 되는 잠부(Jambu)나무로 가서[21] 열매를 딴 후 까싸빠보다 먼저 와서 제화당에 앉아계셨습니다.

4.22. 결발수행자 우루웰라까싸빠는 제화당에 앉아있는 세존을 보고 말했습니다.

"대사문이여, 그대는 어떤 길로 왔기에 내가 그대보다 먼저 출발했는데, 그대가 먼저 와서 제화당에 앉아있습니까?"

---

20 구체적인 이야기를 생략함.

21 'yāya jambuyāyaṃ Jambudīpo paññāyati'의 번역. 'Jambudīpa'는 고대 인도인들이 자신들이 사는 세계를 지칭하는 말이다. 고대 인도인들은 수미산을 중심으로 남쪽에 있는 큰 섬에 자신들이 살고 있다고 생각했으며, 이 섬을 '잠부나무(jambu)가 있는 섬(dīpa)'이라고 불렀다. 'Jambudīpa'는 한역에서 염부제(閻浮提)로 번역한다. 여기에서 언급되고 있는 잠부나무는 그 숲의 주변에 있는 잠부나무가 아니라 'Jambudīpa'라는 이름의 유래가 되는 잠부나무이기 때문에 우루웰라에서 매우 먼 곳에 있는 잠부나무라고 생각된다.

4.23. "까싸빠여! 나는 그대를 떠나보낸 후에 잠부디빠라는 지명의 유래가 되는 잠부나무로 가서, 그 나무에서 열매를 딴 후 그대보다 먼저 와서 제화당에 앉아있었습니다. 까싸빠여! 이 잠부 열매는 빛깔도 좋고, 향기도 좋고, 맛도 좋습니다. 드시고 싶으면 드십시오."

"아닙니다. 대사문이여! 마땅히 그대가 드셔야지요. 그대가 드십시오."

그때 결발수행자 우루웰라까싸빠는 '나를 떠나보낸 후에 잠부디빠라는 지명의 유래가 되는 잠부나무로 가서, 그 나무에서 열매를 딴 후 나보다 먼저 와서 제화당에 앉아있다니, 대사문의 신통력은 참으로 큰 위력이 있구나! 그렇지만 나와 같은 아라한은 못 된다'라고 생각했습니다.

세존께서는 결발수행자 우루웰라까싸빠의 음식을 드시고 그 숲에 머무셨습니다.

4.24. 그날 밤이 지나자, 결발수행자 우루웰라까싸빠는 세존을 찾아와서 세존께 식사 시간을 알렸습니다.

"대사문이여, 식사가 준비되었습니다."

"까싸빠여! 그대는 먼저 가십시오. 나는 나대로 가겠습니다."

세존께서는 결발수행자 우루웰라까싸빠를 떠나보낸 후에, 잠부디빠라는 이름의 유래가 되는 잠부나무로 가서, 그 근처의 암바(amba) 나무에서 열매를 딴 후 까싸빠보다 먼저 와서 제화당에 앉아계셨습니다. 그리고 다음 날은 그 잠부나무 근처의 아말라끼(āmalakī)나무에서 아말라끼 열매를, 그다음 날은 그 잠부나무 근처의 하리따끼(harītakī)나무에서 하리따끼 열매를, 그다음 날은 도리천(忉利天)에 가서 빠리찻따까(paricchattaka)꽃을 딴 후 까싸빠보다 먼저 와서 제화당에 앉아있었습니다.

결발수행자 우루웰라까싸빠는 제화당에 앉아있는 세존을 보고 세존께 말했습니다.

"대사문이여, 그대는 어떤 길로 왔기에 내가 그대보다 먼저 출발했는데, 그대가 먼저 와서 제화당에 앉아있습니까?"

4.25. "까싸빠여! 나는 그대를 떠나보낸 후에 도리천에 가서 빠리찻따까꽃을 딴 후 그대보다 먼저 와서 제화당에 앉아있었습니다. 까싸빠여! 이 빠리찻따까꽃은 빛깔도 좋고, 향기도 좋습니다. 가지고 싶으면 가지십시오."

"아닙니다. 대사문이여! 마땅히 그대가 가지셔야지요. 그대가 가지십시오."

그때 결발수행자 우루웰라까싸빠는 '나를 떠나보낸 후에 도리천에 가서 빠리찻따까꽃을 딴 후 나보다 먼저 와서 제화당에 앉아있다니, 대사문의 신통력은 참으로 큰 위력이 있구나! 그렇지만 나와 같은 아라한은 못 된다'라고 생각했습니다.

4.26. 그때 결발수행자들이 불에 제사를 지내려고 했으나 장작을 쪼갤 수가 없었습니다. 그러자 결발수행자들은 '우리가 장작을 쪼갤 수 없는 것은 분명히 대사문의 신통력 때문이다'라고 생각했습니다. 그때 세존께서 결발수행자 우루웰라까싸빠에게 말씀하셨습니다.

"까싸빠여, 장작을 쪼개야 합니까?"

"대사문이여, 쪼개야 합니다."

그러자 단번에 500개의 장작이 쪼개졌습니다. 그때 결발수행자 우루웰라까싸빠는 '장작을 쪼갤 수 있다니, 대사문의 신통력은 참으로 큰 위력이 있구나! 그렇지만 나와 같은 아라한은 못 된다'라고 생각했습니다.

4.27. 그때 결발수행자들이 불에 제사를 지내려고 했으나 불을 피울 수가 없었습니다. 그러자 결발수행자들은 '우리가 불을 피울 수 없는 것은 분명히 대사문의 신통력 때문이다'라고 생각했습니다. 그때 세존께서 결발수행자 우루웰라까싸빠에게 말씀하셨습니다.

"까싸빠여, 불을 피워야 합니까?"

"대사문이여, 피워야 합니다."

그러자 단번에 500개의 불이 타올랐습니다. 그때 결발수행자 우루웰라까싸빠는 '불을 피울 수 있다니, 대사문의 신통력은 참으로 큰 위력이 있구나! 그렇지만 나와 같은 아라한은 못 된다'라고 생각했습니다.

4.28. 그때 결발수행자들은 불에 제사를 지낸 후에 불을 끌 수가 없었습니다. 그러자 결발수행자들은 '우리가 불을 끌 수 없는 것은 분명히 대사문의 신통력 때문이다'라고 생각했습니다. 그때 세존께서 결발수행자 우루웰라까싸빠에게 말씀하셨습니다.

"까싸빠여, 불을 꺼야 합니까?"

"대사문이여, 꺼야 합니다."

그러자 단번에 500개의 불이 꺼졌습니다. 그때 결발수행자 우루웰라까싸빠는 '불을 끌 수 있다니, 대사문의 신통력은 참으로 큰 위력이 있구나! 그렇지만 나와 같은 아라한은 못 된다'라고 생각했습니다.

4.29. 결발수행자들은 눈 오는 계절의 중순(中旬) 8일간, 추운 겨울

밤에 네란자라(Nerañjarā)강 물속에 들어갔다가 나오고, 나왔다가 들어가기를 반복했습니다. 그때 세존께서는 500개의 화로(火爐)를 화작(化作)하셨으며,[22] 결발수행자들은 올라와서 몸을 녹였습니다. 그때 그 결발수행자들은 '이 화로를 만들어낸 것은 분명히 대사문의 큰 신통력이다'라고 생각했습니다. 한편 결발수행자 우루웰라까싸빠는 '엄청난 화로를 화작할 수 있다니, 대사문의 신통력은 참으로 큰 위력이 있구나! 그렇지만 나와 같은 아라한은 못 된다'라고 생각했습니다.

4.30. 그때 느닷없이 엄청난 폭우가 쏟아져서 크게 홍수가 났고, 세존께서 머무시는 지역에 물이 범람했습니다. 세존께서는 '나는 모든 물을 물러가게 한 후에, 먼지가 날리는 땅을 거닐어야겠다'라고 생각하셨습니다. 세존께서는 물을 물러가게 한 후에, 먼지가 날리는 땅을 거니셨습니다.

결발수행자 우루웰라까싸빠는 "대사문이 물에 떠내려가서는 안 된다"라고 하면서 배를 타고 많은 결발수행자와 함께 세존께서 머무는 지역에 왔습니다. 결발수행자 우루웰라까싸빠는 모든 물을 물러가게 한 후에, 먼지가 날리는 땅 가운데를 거닐고 있는 세존을 보고 세존께 말했습니다.

"거기 있는 그대는 대사문이십니까?"

"까싸빠여, 내가 여기 있습니다."

세존께서는 하늘로 솟아올라 배에 오르셨습니다.

결발수행자 우루웰라까싸빠는 '홍수에도 무사하다니, 대사문의

---

22 'abhinimmini'의 번역. 'abhinimmini'는 신통력으로 여러 가지 모습이나 사물을 만들어내는 것을 의미한다.

신통력은 참으로 큰 위력이 있구나! 그렇지만 나와 같은 아라한은 못 된다'라고 생각했습니다.

4.31. 세존께서는 '이 어리석은 사람은 오랫동안 '대사문의 신통력은 참으로 큰 위력이 있다. 그렇지만 나와 같은 아라한은 못 된다'라고 생각하고 있다. 내가 이 결발수행자를 자극해야겠다'라고 생각하시고, 결발수행자 우루웰라까싸빠에게 말씀하셨습니다.

"까싸빠여, 그대는 아라한도 아니고, 아라한의 길에 도달하지도 못했으며, 그대에게는 그대가 아라한이 되거나 아라한의 길에 도달할 수 있는 방법도 없소."

그러자 결발수행자 우루웰라까싸빠는 세존의 발에 머리를 조아려 예배한 후에 세존께 말씀드렸습니다.

"세존이시여, 저는 세존 앞으로 출가하여 구족계를 받고자 합니다."

4.32. "까싸빠여, 그대는 결발수행자 500명의 맨 우두머리 지도자입니다. 먼저 그들이 그들 뜻대로 할 수 있도록 허락하시오!"

결발수행자 우루웰라까싸빠는 그들에게 가서 말했습니다.

"존자들이여! 나는 대사문님 밑에서 청정한 범행(梵行)을 실천하려고 하오. 존자들은 존자들 뜻대로 하시오."

"존자여! 우리는 오래전부터 대사문님을 신뢰했습니다. 만약에 존자께서 대사문님 밑에서 청정한 수행을 하신다면, 우리도 모두 대사문님 밑에서 청정한 수행을 하겠습니다."

4.33. 그 결발수행자들은 (머리를 깎은 후에) 머리털 뭉텅이, 결발(結髮) 뭉텅이, 제기(祭器) 뭉텅이, 불에 바치는 제물(祭物) 뭉텅이를 물에 던져

버리고, 세존을 찾아가서 세존의 발에 머리를 조아려 예배한 후에 세존께 말씀드렸습니다.

"세존이시여, 저희는 세존 앞으로 출가하여 구족계를 받고자 합니다."

세존께서는 "오라, 비구들이여! 법은 잘 설해졌다. 바르게 괴로움을 소멸하기 위하여 청정한 범행(梵行)을 실천하라!"라고 말씀하셨습니다. 실로 그것이 그 존자들의 구족계였습니다.

4.34. 결발수행자 나디까싸빠는 머리털 뭉텅이, 결발 뭉텅이, 제기 뭉텅이, 불에 바치는 제물 뭉텅이가 물에 떠내려오는 것을 보고 '나의 형제가 재난을 당했으면 안 되는데!'라고 생각했습니다. 그는 결발수행자들을 보내어, "가서 내 형제에 대하여 알아보라"라고 말했습니다. 그리고 스스로 300명의 결발수행자와 함께 우루웰라까싸빠 존자를 찾아가서 말했습니다.

"까싸빠여! 이것이 더 훌륭합니까?"

"그렇다오. 존자들이여, 이것이 더 훌륭하다오."

4.35. 그 결발수행자들은 (머리를 깎은 후에) 머리털 뭉텅이, 결발 뭉텅이, 제기 뭉텅이, 불에 바치는 제물 뭉텅이를 물에 던져버리고, 세존을 찾아가서 세존의 발에 머리를 조아려 예배한 후에 세존께 말씀드렸습니다.

"세존이시여, 저희는 세존 앞으로 출가하여 구족계를 받고자 합니다."

세존께서는 "오라, 비구들이여! 법은 잘 설해졌다. 바르게 괴로움을 소멸하기 위하여 청정한 범행을 실천하라!"라고 말씀하셨습니다. 실로 그것이 그 존자들의 구족계였습니다.

4.36. 결발수행자 가야까싸빠도 머리털 뭉텅이, 결발 뭉텅이, 제기 뭉텅이, 불에 바치는 제물 뭉텅이가 물에 떠내려오는 것을 보고 '나의

형제가 재난을 당했으면 안 되는데!'라고 생각했습니다. 그는 결발수행자들을 보내어, "가서 내 형님에 대하여 알아보라"라고 말했습니다. 그리고 스스로 200명의 결발수행자와 함께 우루웰라까싸빠 존자를 찾아가서 말했습니다.

"까싸빠여! 이것이 더 훌륭합니까?"

"그렇다오. 존자들이여, 이것이 더 훌륭하다오."

4.37. 그 결발수행자들은 (머리를 깎은 후에) 머리털 뭉텅이, 결발 뭉텅이, 제기 뭉텅이, 불에 바치는 제물 뭉텅이를 물에 던져버리고, 세존을 찾아가서 세존의 발에 머리를 조아려 예배한 후에 세존께 말씀드렸습니다.

"세존이시여, 저희는 세존 앞으로 출가하여 구족계를 받고자 합니다."

세존께서는 "오라, 비구들이여! 법은 잘 설해졌다. 바르게 괴로움을 소멸하기 위하여 청정한 범행을 실천하라!"라고 말씀하셨습니다. 실로 그것이 그 존자들의 구족계였습니다.

일체(一切)는 불타고 있다

4.38. 세존께서는 우루웰라에서 적절하게 머무신 후 예전에 결발수행자였던 1,000명의 비구로 이루어진 큰 비구상가와 함께 가야시사(Gayāsīsa)로[23] 길을 떠나셨습니다. 가야(Gayā)에 도착하신 세존께서는

23 붓다가 성불하신 가야(伽倻, Gayā)에 있는 산. 한역에서는 상두산(象頭山)으로 번역함.

곧바로 1,000명의 비구들과 함께 가야시사에 머무셨습니다.

4.39. 그곳에서 세존께서 비구들에게 말씀하셨습니다.

“비구들이여, 일체(一切)는 불타고 있다오. 비구들이여, 무엇이 불타고 있는가? 비구들이여, 보는 나[眼]가 불타고 있다오. 보이는 형색[色]들이 불타고 있다오. 시각분별[眼識]이 불타고 있다오. 시각접촉[眼觸]이 불타고 있다오. 시각접촉에 의존하여 발생하는 즐거운[樂] 느낌이나 괴로운[苦] 느낌이나 즐겁지도 괴롭지도 않은[不苦不樂] 느낌, 이것들이 불타고 있다오.

무엇에 의해서 불타고 있는가? 비구들이여, 탐욕의 불길에 의해서, 분노의 불길에 의해서, 어리석음의 불길에 의해서 불타고 있고, 태어남에 의해서, 늙음에 의해서, 죽음에 의해서, 근심에 의해서, 슬픔에 의해서, 고통에 의해서, 불안에 의해서, 절망에 의해서 불타고 있다고 나는 말한다오. 듣는 나[耳]와 들리는 소리[聲]들, 냄새 맡는 나[鼻]와 냄새[香]들, 맛보는 나[舌]와 맛[味]들, 만지는 나[身]와 만져지는 촉감[觸]들, 의식하는 나[意]와 의식되는 대상[法]들도 마찬가지라오.

4.40. 비구들이여, 이렇게 본 학식이 많은 거룩한 제자는 보는 나[眼]에 대하여 싫증을 내고[厭離], 보이는 형색[色]들에 대하여 싫증을 내고, 시각분별[眼識]에 대하여 싫증을 내고, 시각접촉[眼觸]에 대하여 싫증을 내고, 시각접촉에 의존하여 발생하는 즐거움[樂]이나 괴로움[苦]이나 즐겁지도 괴롭지도 않은[不苦不樂] 느낌에 대하여 싫증을 낸다오. 듣는 나[耳]와 들리는 소리[聲]들, 냄새 맡는 나[鼻]와 냄새[香]들, 맛보는 나[舌]와 맛[味]들, 만지는 나[身]와 만져지는 촉감[觸]들, 의식하는 나[意]와 의식되는 대상[法]들에 대해서도 마찬가지라오.

싫증을 내기[厭離] 때문에 탐욕을 버리고[離貪], 탐욕을 버리기 때문에 해탈(解脫)하며, 해탈했을 때 해탈했다는 것을 안다오. 즉 '생(生)은 소멸했다. 청정한 범행(梵行)을 완성했으며, 해야 할 일을 끝마쳤다. 다시는 이와 같은 상태로 되지 않는다'라고 통찰한다오."

이 설명을 하실 때 1,000명의 비구들은 집착을 버리고 번뇌[漏]로부터 마음이 해탈했습니다.

제 5 장

사리뿟따와 목갈라나의 출가

【 해제 】

우루웰라에서 1,000명의 제자를 얻은 붓다는 그들을 거느리고 라자가하(Rājagaha)로 길을 떠난다. 라자가하는 그 당시 인도에서 가장 강대한 나라인 마가다(Magadhā)의 수도이다. 붓다가 전법을 위해 길을 떠날 때 마음에 둔 목적지는 우루웰라가 아니라 라자가하였는지도 모른다.

세상을 움직이려면 세상의 중심을 움직여야 한다. 그 당시 인도의 중심은 라자가하였다. '라자가하를 움직여야 세상을 움직일 수 있다.' 붓다는 이렇게 생각했을 것이다. 그러나 35세의 젊은 수행자가 자신이 진리를 깨달은 붓다임을 세상에 알리기란 쉬운 일이 아니다. 혈혈단신으로 라자가하에서 돌아다닌다면 누가 그를 주목하겠는가? 붓다가 많은 사람의 주목을 받으며 라자가하에 들어갈 방법으로 생각한 것이 당시에 가장 큰 세력을 가진 수행자 집단인 우루웰라의 까싸빠 삼형제가 아닐까? '이들을 감화시킨다면 라자가하를 움직일 수 있을 것이다.' 붓다는 이렇게 생각하고 라자가하에 가기 전에 우루웰라로 간 것이 아닐까?

결국 붓다는 우루웰라의 까싸빠를 설복시켜 1,000명의 제자를 얻어 그들과 함께 라자가하에 들어간다. 라자가하에는 이미 '사끼야(Sakya)족의 후예로서 사끼야족에서 출가한 사문 고따마는 진리를 깨달은 훌륭하신 분이다. 그분은 의미 있고 명쾌하고 완벽한 진리[法]를 가르치며, 청정한 범행(梵行)을 알려준다. 이러한 아라한은 만나 뵙는 것이 좋다'라는 소문이 돌고 있었다. 이 소문을 듣고 마가다의 왕 세니야 빔비사라(Seniya Bimbisāra)는 많은 바라문과 거사들을 거느리고 붓다를 찾아간다. 붓다가 세상 사람들을 찾아 나선 것이 아니라, 세상 사람들이 붓다를 찾아온 것이다.

붓다를 찾아온 많은 사람은 붓다와 까싸빠의 관계에 대하여 궁금해했다. 두 사람 가운데 누가 스승일까? 이때 까싸빠는 대중들 앞에서 세존을 향해 이렇게 선언한다.

"세존은 저의 스승이시고, 저는 제자입니다."

이 말 한마디에 라자가하의 모든 사람은 붓다의 가르침에 귀를 기울이게 되었다. 붓다의 설법을 들은 마가다의 왕 빔비사라는 붓다에게 귀의하면서 붓다와 비구상가가 머물 수 있도록 웰루와나 원림을 붓다에게 바친다. 이곳이 불교 최초의 승원인 죽림정사(竹林精舍)이다. 붓다는 이곳에 머물면서 이후에 붓다의 제자를 대표하게 되는 사리뿟따(Sāriputta)와 목갈라나(Moggallāna)를 만난다. 붓다에게 지혜가 출중한 제자와 행실이 바른 제자를 얻는 일보다 더 큰 일이 무엇이겠는가? 아마도 율장을 편집한 사람은 라자가하에서의 사건 가운데 가장 큰 사건을 사리뿟따와 목갈라나가 붓다에게 출가한 일로 보았던 것 같다. 그래서 이 장의 이름을 〈사리뿟따와 목갈라나의 출가〉라고 붙였으리라. 사리뿟따와 목갈라나가 출가하자 그들을 따르던 250명의 수행자들도 붓다에게 출가하였다. 이로써 라자가하에서 붓다를 따르는 제자의 수는 1,250명이 되었다. 이 1,250명은 이후 불경에서 붓다를 항상 따르는 대중[常隨大衆]이 된다.

빔비사라의 귀의

5.1. 세존께서는 가야시사에서 적절하게 머무신 후에, 예전에 결발 수행자였던 1,000명의 큰 비구상가와 함께 라자가하(Rājagaha)로 길을 떠나셨습니다. 여행을 계속하여 마침내 라자가하에 도착하신 세존께서는 곧바로 랏티와누야나(Laṭṭhivanuyyāna)의 수빠띳타(Supatiṭṭha) 탑묘(塔墓)에 머무셨습니다.

5.2. 마가다(Māgadha)의 왕 세니야 빔비사라(Seniya Bimbisāra)는 '사끼야(Sakya)족의 후예로서 사끼야족에서 출가한 사문 고따마께서 랏티와누야나의 수빠띳타 탑묘에 머물고 계신다. 그 고따마 세존은 아라한(阿羅漢), 원만하고 바르게 깨달으신 분[等正覺], 앎과 실천을 구족하신 분[明行足], 잘 가신 분[善逝], 세상을 잘 아시는 분[世間解], 위없는 분[無上士], 사람을 길들여 바른길로 이끄시는 분[調御丈夫], 천신과 인간의 스승[天人師], 진리를 깨달으신 분[佛], 세존(世尊)'이라고 불리는 명성이 높은 훌륭한 분이다. 그분은 천계, 마라, 범천을 포함한 이 세간을, 사문과 바라문, 왕과 백성을 포함한 인간계를 수승한 지혜로 몸소 체득하여 알려준다. 그분은 처음도 좋고, 중간도 좋고, 마지막도 좋은, 의미 있고 명쾌하고 완벽한 진리[法]를 가르치며, 청정한 범행(梵行)을 알려준다. 이러한 아라한은 만나 뵙는 것이 좋다'라는 말을 들었습니다.

5.3. 마가다의 왕 세니야 빔비사라는 12만 명의 마가다국 바라문과 거사들에 둘러싸여 세존을 찾아가서 세존께 예배하고 한쪽에 앉았습니다. 12만 명의 마가다국 바라문과 거사들 가운데, 어떤 이들은 세존께 예배한 후에 한쪽에 앉고, 어떤 이들은 세존과 함께 정중하게 인사

를 하고 공손한 인사말을 나눈 후에 한쪽에 앉고, 어떤 이들은 세존에게 합장한 후에 한쪽에 앉고, 어떤 이들은 세존을 마주 보고 이름을 밝힌 후에 한쪽에 앉고, 어떤 이들은 말없이 조용히 한쪽에 앉았습니다.

5.4. 그 12만 명의 마가다국 바라문과 거사들은 이런 생각이 들었습니다.

'대사문이 우루웰라까싸빠 밑에서 청정한 수행을 하는 것일까, 그렇지 않으면 우루웰라까싸빠가 대사문 밑에서 청정한 수행을 하는 것일까?'

세존께서는 그들이 마음으로 생각하는 바를 아시고, 우루웰라까싸빠 존자에게 게송으로 말씀하셨습니다.

우루웰라에 사는 이여!
깡마른 자로 불리는[24] 그대는
무엇을 보았기에 불을 버렸나요?
불에 바치는 제물(祭物)을 왜 버렸나요?
까싸빠여!
그대에게 그 이유를 묻습니다.

우루웰라까싸빠가 게송으로 답했습니다.

형색과 소리 그리고 맛과 쾌락과 여인들을

---

24 'kisako vado'의 번역.

제사(祭祀)는 환영하며 맞이합니다.
그렇지만, '이것은 더러운 먼지다'라고
집착에 대하여 알았습니다.
그래서 희생을 즐기지 않고,
헌공을 즐기지 않습니다.

5.5. 세존께서 말씀하셨습니다.

여기에서 그대 마음이 형색과 소리
그리고 맛을 즐기지 않으면,
그대의 즐기는 마음이 (내세에)
천신(天神)이나 인간세계에 가게 되나요?
까싸빠여!
나에게 그것을 말해보세요.

우루웰라까싸빠가 게송으로 답했습니다.

집착에서 벗어나 (번뇌가) 전혀 없는
적정(寂靜)한 곳을 보았기에
욕유(欲有)[25]에 물들지 않게 되었습니다.

---

25 'kāmabhava'의 번역. 욕유(欲有)는 삼유(三有), 즉 욕유, 색유(色有), 무색유(無色有) 가운데 하나이다. 감각적 쾌락을 즐기려는 욕탐의 주체로서의 자기 존재가 욕유이다. 욕계(欲界)는 욕탐을 자기 존재로 집착함으로써, 즉 욕유를 자아로 취함으로써 벌어지는 세계

이것은 변함없는 진실입니다.
제가 직접 알게 된 사실입니다.
그래서 희생을 즐기지 않고,
헌공을 즐기지 않습니다.

5.6. 우루웰라까싸빠 존자는 자리에서 일어나 한쪽 어깨에 상의를 걸치고 세존의 발에 머리를 조아려 예배한 후에 세존께 말씀드렸습니다.

"세존이시여, 세존께서는 저의 스승이시고, 저는 제자입니다. 세존이시여, 세존께서는 저의 스승이시고, 저는 제자입니다."

그래서 12만 명의 마가다국 바라문과 거사들은 '우루웰라까싸빠가 대사문 밑에서 청정한 수행을 하고 있구나!'라고 생각하게 되었습니다.

5.7. 세존께서는 12만 명의 마가다국 바라문과 거사들이 마음으로 생각하는 바를 아시고, 순차적으로 설법[次第說法]을 하셨습니다. 보시(布施)를 말씀하시고, 지계(持戒)를 말씀하시고, 천상(天上)을 말씀하시고, 위험하고 천박하고 더러운 감각적 욕망과 감각적 욕망에서 벗어나 얻게 되는 이익을 차례차례 설명하셨습니다. 세존께서는 그들이 유연하고 편견 없이 기쁘고 청정한 마음으로 가르침을 받아들일 수 있는 적절한 마음이 된 것을 아시고, 모든 붓다의 요결법문인 괴로움[苦], 쌓임[集], 소멸[滅], 길[道]을 설명하셨습니다.

5.8. 마치 오염이 안 된 깨끗한 옷이 염료를 완전히 받아들이듯이,

이고, 색계(色界)는 색유를, 무색계(無色界)는 무색유를 자아로 취함으로써 벌어지는 세계이다.

그 자리에서 11만 명의 마가다국 바라문과 거사들에게 '쌓인 법[集法]은 어떤 것이든 모두 소멸하는 법[滅法]이다'라는 청정무구한 법안(法眼)이 생겼으며, 1만 명은 청신사(淸信士)가 되었음을 선언했습니다.

5.9. 법을 보고 법을 성취하고 법을 알고 법을 깊이 이해하여, 의심에서 벗어나고 의혹이 사라지고 두려움이 사라지고 스승의 가르침에 대하여 남에게 의지하지 않게 된 마가다의 왕 세니야 빔비사라는 세존께 이렇게 말씀드렸습니다.

"세존이시여, 예전에 왕자였을 때 저에게 다섯 가지 소원이 있었는데, 지금 저에게 그 소원이 이루어졌습니다. 세존이시여, 예전에 왕자였을 때 저는 '내가 왕위에 올랐으면 좋겠다'라고 생각했습니다. 세존이시여, 이것이 저의 첫 번째 소원이었는데, 그 소원은 이루었습니다. 세존이시여, '나의 영토에 아라한 등정각이 출현했으면 좋겠다'는 것이 저의 두 번째 소원이었는데, 지금 그 소원이 이루어졌습니다.

5.10. 세존이시여, '그 세존을 받들어 모시고 싶다'라는 것이 저의 세 번째 소원이었는데, 지금 그 소원이 이루어졌습니다. 세존이시여, '세존께서 나에게 법을 가르쳐주시면 좋겠다'는 것이 저의 네 번째 소원이었는데, 지금 그 소원이 이루어졌습니다. 세존이시여, '세존의 가르침을 이해했으면 좋겠다'라는 것이 저의 다섯 번째 소원이었는데, 지금 그 소원이 이루어졌습니다. 세존이시여, 이렇게 예전에 왕자였을 때 가졌던 다섯 가지 소원이 모두 이루어졌습니다.

5.11. 훌륭합니다. 세존이시여! 훌륭합니다. 세존이시여! 세존이시여, 마치 뒤집힌 것을 바로 세우는 것 같고, 감추어진 것을 드러내는 것 같고, 길 잃은 자에게 길을 알려주는 것 같고, '눈 있는 자들은 보라!'라고

어둠 속에서 등불을 비춰주는 것 같습니다. 이렇게 세존께서는 여러 가지 방법으로 진리를 알려주셨습니다. 세존이시여, 그래서 저는 세존께 귀의합니다. 가르침과 비구상가에 귀의합니다. 세존이시여, 저를 청신사로 받아주소서. 지금부터 살아있는 날까지 귀의하겠나이다. 세존이시여, 세존께서는 비구상가와 함께 내일 저의 공양을 받아주시옵소서."

세존께서는 침묵으로 허락하셨습니다.

5.12. 마가다의 왕 세니야 빔비사라는 세존께서 허락하신 것을 알고, 자리에서 일어나 세존께 예배하고 오른쪽으로 돈 후에 떠났습니다. 마가다의 왕 세니야 빔비사라는 그날 밤이 지나자 단단하고 부드러운 갖가지 훌륭한 음식을 마련한 후에 세존께 알렸습니다.

"세존이시여, 공양이 준비되었습니다."

세존께서는 오전에 옷을 입고, 발우와 법의(法衣)를 들고, 예전에 결발수행자였던 1,000명의 큰 비구상가와 함께 라자가하에 들어가셨습니다.

5.13. 세존께서는 마가다의 왕 세니야 빔비사라의 거처로 가서 비구상가와 함께 마련된 자리에 앉으셨습니다. 마가다의 왕 세니야 빔비사라는 붓다를 비롯한 비구상가에게 단단하고 부드러운 갖가지 훌륭한 음식을 손수 올려 만족하게 한 후에, 세존께서 공양을 마치고 발우에서 손을 떼자 한쪽에 앉았습니다.

5.14. 한쪽에 앉은 마가다의 왕 세니야 빔비사라에게 이런 생각이 들었습니다.

'세존께서 어디에 머무셔야 좋을까? 그곳은 마을에서 멀지도 않고, 너무 가깝지도 않고, 왕래하기 좋아서 원하는 사람들이 접근하기 좋으면서도, 낮에는 붐비지 않고, 밤에는 조용하고, 소란스럽지 않고, 사람들로부터 격리되어 인적이 없어서 홀로 좌선하기 좋아야 할 텐데.'

마가다의 왕 세니야 빔비사라는 '나의 웰루와나(Veḷuvana)[26] 원림(園林)은 마을에서 멀지도 않고, 너무 가깝지도 않고, 왕래하기 좋아서 원하는 사람들이 접근하기 좋으면서도, 낮에는 붐비지 않고, 밤에는 조용하고, 소란스럽지 않고, 사람들로부터 격리되어 인적이 없어서 홀로 좌선하기 좋다. 나는 이 웰루와나 원림을 붓다를 비롯한 비구상가에 바쳐야겠다'라고 생각했습니다.

5.15. 마가다의 왕 세니야 빔비사라는 황금 물병을 가지고 가서 세존께 올리면서 말했습니다.

"세존이시여, 저는 이 웰루와나 원림을 붓다를 비롯한 비구상가에 바치겠습니다. 세존께서는 승원(僧園)을 받아주십시오."

세존께서는 법을 설하여 마가다의 왕 세니야 빔비사라를 가르치고, 격려하고, 칭찬하고, 기쁘게 하신 후에 자리에서 일어나 떠나셨습니다.

세존께서는 이 인연에 대하여 설법하신 후에 비구들에게 말씀하셨습니다.

"비구들이여, 나는 승원을 허락하겠소."[27]

---

26 'Veḷu'는 대나무를 의미하고, 'vana'는 숲을 의미한다. 따라서 'Veḷuvana'는 '대나무 숲'을 의미한다. 빔비사라왕은 이곳에 정사(精舍)를 지어 세존께 바쳤으며, 이것이 최초의 사원(寺院)인 죽림정사(竹林精舍)이다.

27 머무는 곳 없이 돌아다니는 비구들에게 머물면서 수행할 수 있는 승원을 허락하신다는 말이다.

사리뿟따와 목갈라나

5.16. 행각수행자(行脚修行者) 산자야(Sañjaya)는 250명이나 되는 많은 행각수행자 무리와 함께 라자가하에 살고 있었습니다. 당시 사리뿟따(Sāriputta)와 목갈라나(Moggallāna)는 산자야 밑에서 청정한 수행을 하고 있었습니다. 그들은 '둘 중 먼저 불사(不死)를 성취한 사람은 알려주기로 하자'라고 언약한 사이였습니다.

5.17. 아싸지 존자는 오전에 옷을 입고, 발우와 법의(法衣)를 들고, 위의(威儀)를 갖추어 평온하게 나아가고 물러서고, 올려보고 내려보고, 몸을 구부리고 펴고, 눈을 내리뜨고 탁발하러 라자가하에 들어갔습니다. 행각수행자 사리뿟따는 위의를 갖추어 평온하게 나아가고 물러서고, 올려보고 내려보고, 몸을 구부리고 펴고, 눈을 내리뜨고 탁발하는 아싸지 존자를 보았습니다. 그는 '이 사람은 세간에서 아라한이나 아라한의 길을 성취한 비구들 가운데 한 사람이 분명하다. 이 비구에게 가서 '존자여! 그대는 누구에게 출가했습니까? 그대의 스승은 누구입니까? 그대는 누구의 가르침을 따릅니까?'라고 물어봐야겠다'라고 생각했습니다.

5.18. 행각수행자 사리뿟따는 다시 이렇게 생각했습니다.

'지금은 질문할 때가 아니다. 이 비구는 지금 이집 저집 돌아다니며 탁발하고 있다. 이 비구를 뒤따르다가 탁발을 마치고 가는 길을 따라가는 것이 좋겠다.'

아싸지 존자는 라자가하에서 탁발한 후에 탁발 음식을 가지고 돌아왔습니다. 행각수행자 사리뿟따는 아싸지 존자에게 다가가서 정중하게 인사를 하고, 공손한 인사말을 나눈 후에 한쪽에 섰습니다. 한쪽에 선 행각수행자 사리뿟따가 아싸지 존자에게 말했습니다.

"존자여, 그대의 6근(六根)은 청정하고, 피부색은 맑군요. 존자여, 그대는 누구에게 출가했습니까? 그대의 스승은 누구입니까? 그대는 누구의 가르침을 따릅니까?"

5.19. "존자여, 사끼야족의 아들로서 사끼야족에서 출가한 대사문(大沙門)이 계십니다. 나는 그 세존께 출가했습니다. 그 세존이 나의 스승입니다. 나는 그 세존의 가르침을 따릅니다."

"그렇다면, 존자의 스승은 무엇을 주장하고, 무엇을 가르칩니까?"

"존자여, 나는 이 가르침[法]과 율(律)에 갓 출가한 새내기이기 때문에 가르침을 자세하게 가르쳐줄 수 없습니다. 그렇지만 그대에게 의미를 간략하게 설명할 수는 있습니다."

행각수행자 사리뿟따가 아싸지 존자에게 말했습니다.

"존자여, 많든 적든 말하십시오! 나에게 의미를 설명해주십시오! 나에게 필요한 것은 의미입니다. 많은 말이 무슨 소용이 있겠습니까?"

5.20. 아싸지 존자는 행각수행자 사리뿟따에게 이 법문을 설했습니다.

> 모든 법은 원인에 의해서 생긴다네.
> 여래는 그 원인을 말씀하셨다네.
> 모든 법의 소멸도 마찬가지라고
> 대사문은 말씀하신다네.

이 법문을 듣고 행각수행자 사리뿟따에게 '쌓인 법[集法]은 어떤 것이든 모두 소멸하는 법[滅法]이다'라는 청정무구한 법안(法眼)이 생겼습니다.

그 정도라 할지라도
이 법은 (저에게) 실로 행운입니다.
나유타 겁(劫)이 흐르는 동안
보이지 않던 근심을 없애는 법구(法句)입니다.

5.21. 사리뿟따는 목갈라나를 찾아갔습니다. 목갈라나는 저만치서 사리뿟따가 오는 것을 보았습니다. 그는 사리뿟따를 보고 이렇게 말했습니다.

"존자여, 그대의 6근은 청정하고, 피부색은 맑군요. 존자여, 그대는 불사를 성취했나요?"

"그렇다오. 존자여, 나는 불사를 성취했다오."

"존자여, 그대는 어떻게 불사를 성취했나요?"

사리뿟따는 목갈라나에게 아싸지 존자를 만난 이야기를 해주었습니다.

5.22. 목갈라나여! 아싸지 비구가 나에게 이 법문을 설했다오.

모든 법은 원인에 의해서 생긴다네.
여래는 그 원인을 말씀하셨다네.
모든 법의 소멸도 마찬가지라고
대사문은 말씀하신다네.

이 법문을 듣고 행각수행자 목갈라나에게 '쌓인 법[集法]은 어떤 것이든 모두 소멸하는 법[滅法]이다'라는 청정무구한 법안(法眼)이 생겼습니다.

그 정도라 할지라도
이 법은 (저에게) 실로 행운입니다.
나유타 겁(劫)이 흐르는 동안 보이지 않던
근심을 없애는 법구(法句)입니다.

사리뿟따와 목갈라나의 출가

5.23. 목갈라나가 사리뿟따에게 말했습니다.

"존자여, 우리 세존에게 갑시다. 세존이 우리의 스승입니다."

"존자여, 250명의 행각수행자가 우리를 의지하고 바라보며 여기에 살고 있습니다. 먼저 그들이 그들 뜻대로 할 수 있도록 허락합시다."

사리뿟따와 목갈라나는 그 행각수행자들에게 가서 말했습니다.

"존자들이여, 우리는 세존 앞으로 갑니다. 세존이 우리의 스승입니다."

"우리는 존자들을 의지하고 바라보며 여기에 머물고 있습니다. 만약에 존자들께서 대사문 밑에서 청정한 수행을 하려고 하신다면, 우리도 모두 대사문 밑에서 청정한 수행을 하겠습니다."

5.24. 사리뿟따와 목갈라나는 행각수행자 산자야에게 가서 그에게

말했습니다.

"존자여, 우리는 세존 앞으로 갑니다. 세존이 우리의 스승입니다."

"존자들이여, 제발 가지 마시오! 우리 셋이서 함께 이 대중을 보살피도록 합시다."

두 번, 세 번 사리뿟따와 목갈라나는 행각수행자 산자야에게 "존자여, 우리는 세존에게 갑니다. 세존이 우리의 스승입니다"라고 말했고, 산자야는 "존자들이여, 제발 가지 마시오! 우리 셋이서 함께 이 대중을 보살피도록 합시다"라고 말했습니다.

5.25. 사리뿟따와 목갈라나는 250명의 행각수행자를 데리고 웰루와나로 갔습니다. 그때 행각수행자 산자야는 입에서 뜨거운 피를 토해냈습니다.

세존께서는 저만치서 사리뿟따와 목갈라나가 오는 것을 보고 비구들에게 말씀하셨습니다.

"비구들이여, 두 친구 꼴리따(Kolita)와 우빠띠싸(Upatissa)가[28] 오고 있소. 이들은 쌍벽을 이루는 나의 가장 뛰어난 두 제자가 될 것이오."

5.26. 사리뿟따와 목갈라나는 세존을 찾아가서 세존의 발에 머리 조아려 예배한 후에 세존께 말씀드렸습니다.

"세존이시여, 저희는 세존 앞으로 출가하여 구족계를 받고자 합니다."

세존께서는 "오라, 비구들이여! 법은 잘 설해졌다. 바르게 괴로움

---

28 꼴리따와 우빠띠싸는 목갈라나와 사리뿟따의 어린 시절 이름이다.

을 소멸하기 위하여 청정한 범행(梵行)을 실천하라!"라고 말씀하셨습니다. 실로 그것이 그 존자들의 구족계였습니다.

5.27. 그때 마가다의 이름 높은 훌륭한 가문의 자제들이 세존 밑에서 청정한 수행을 하고 있었습니다. 사람들은 "고따마 사문이 무자식(無子息)을 만든다. 고따마 사문이 과부를 만든다. 고따마 사문이 대(代)를 끊는다. 최근에 결발수행자 1,000명을 출가시키더니, 이번에는 행각수행자 산자야의 제자 250명을 출가시켰다. 그리고 마가다의 이름 높은 훌륭한 가문의 자제들이 고따마 사문 밑에서 청정한 수행을 하고 있다"라고 실망하고 화가 나서 불평했습니다. 그뿐만 아니라 비구들을 보면 다음과 같은 게송으로 비난했습니다.

> 대사문은 마가다의
> 기립바자(Giribbaja)에[29] 와서
> 산자야의 제자를 모두 꾀어가더니
> 이제는 누구를 꾀어가려나?

5.28. 비구들은 사람들이 실망하고 화가 나서 불평하는 소리를 듣고, 이 사실을 세존께 알렸습니다.

"비구들이여, 그 소리는 오래가지 못하고, 기껏해야 7일을 갈 것이오. 7일이 지나면 사라질 것이오. 그러므로 그대들을 게송으로 비난하면, 그대들은 다음과 같은 게송으로 대응하시오."

29 라자가하의 다른 이름.

위대한 영웅이신 여래는
정법(正法)으로 인도하셨네.
법(法)으로 인도하신 지자(知者)를
어떤 자들이 시샘하는가?

비구들은 사람들이 앞의 게송으로 비난하면, 이 게송으로 대응했습니다. 사람들은 석씨(釋氏)[30] 사문들이 비법(非法)에 의해서 인도되지 않고 정법(正法)에 의해서 인도되었다고 생각하게 되었으며, 그 소리는 7일 동안 머물다가 7일이 지나자 사라졌습니다.

30 'Sakyaputtiya'의 번역. 'Sakyaputtiya'는 '석가족의 아들에 속하는'의 의미이다. 당시에 붓다의 제자를 'Sakyaputta', 즉 '석가족의 아들'이라고 불렀고 이를 한역에서 '석씨(釋氏)'로 번역했다.

제 6 장

●

유산 (遺産)

[해제]

이 장에서는 라훌라(Rāhula)가 출가한 인연을 이야기하고 있다. 라훌라는 붓다가 출가하기 전에 낳은 아들이다. 출가를 고민하던 붓다는 시녀가 아들의 탄생을 알리자, "라훌라가 태어났다"라는 말을 남기고 출가한다. 라훌라는 훼방꾼, 장애물이라는 의미의 말이다. 붓다는 아들이 태어나자, 아들을 보게 되면 애정에 묶여서 차마 떨치고 출가할 수 없을 것을 염려하여 아들을 보지 않고 출가한 것이다. 붓다가 출가하면서 남긴 말이 이름이 되어 붓다의 외아들은 라훌라라는 이름을 갖게 되었다.

아들이 태어난 날 까삘라왓투(Kapilavatthu)성을 넘어 출가한 싯다르타는 6년의 수행 뒤에 정각을 성취하여 붓다가 된다. 붓다가 된 싯다르타는 라자가하에 머물면서 가르침을 펴다가 출가한 지 7년 만에 고향인 까삘라왓투에 돌아온다. 붓다가 7년 만에 고향에 돌아와서 아버지 숫도다나(Suddhodana)를 찾아갔을 때, 7살의 라훌라는 아버지에게 유산을 요구한다. 그 요구에 붓다는 라훌라를 출가시켜서 자신이 깨달은 진리를 유산으로 준다.

아들이 출가하여 비탄에 빠졌던 까삘라왓투의 왕 숫도다나는 손자의 출가에 크게 상심한다. 그는 붓다에게 이후로는 부모가 허락하지 않은 아이는 출가시키지 않도록 해달라고 간청한다. 붓다는 그의 청을 받아들여서 부모가 허락하지 않은 아이는 출가시켜서는 안 된다는 계율을 제정하였다.

라훌라 이야기

6.1. 세존께서는 라자가하에서 적절하게 머무신 후에 까삘라왓투(Kapilavatthu)로 길을 떠나셨습니다. 여행을 계속하여 마침내 까삘라왓투에 도착하신 세존께서는 곧바로 삭까(Sakka)족의 까삘라왓투에 있는 니그로다(Nigrodha) 승원에 머무셨습니다. 세존께서는 오전에 옷을 입고, 발우와 법의(法衣)를 들고, 삭까의 왕 숫도다나(Suddhodana)의 거처로 가서 마련된 자리에 앉으셨습니다. 그러자 라훌라(Rāhula)의 어머니인 왕비가 라훌라 왕자에게 말했습니다.

"라훌라야! 이분이 너의 아버님이시다. 가서 유산을 달라고 요청하여라!"

6.2. 라훌라 왕자는 세존께 다가갔습니다. 그는 세존 앞에 서서, "사문이시여! 당신의 그늘은 안락하군요"[31] 라고 말했습니다. 세존께서는 자리에서 일어나 그 자리를 떠났습니다. 라훌라 왕자는 세존을 졸졸 뒤따라가면서 "사문이시여, 저에게 유산을 주십시오! 사문이시여, 저에게 유산을 주십시오!"라고 말했습니다.

세존께서 사리뿟따 존자에게 말씀하셨습니다.

"사리뿟따여! 그대가 라훌라 왕자를 출가시키도록 하시오."

"세존이시여, 라훌라 왕자를 어떻게 출가시켜야 합니까?"

6.3. 세존께서는 이 인연과 이 일에 대하여 설명하신 후에 비구들에게 말씀하셨습니다.

---

31 'sukhā te samaṇa chāyā'의 번역.

"비구들이여, 나는 삼귀의에 의해 사미(沙彌)를 출가시키도록 규정합니다. 비구들이여, 사미의 출가는 이렇게 하도록 하시오!

먼저 머리와 수염을 깎도록 하고, 가사(袈裟)를 입힌 다음, 한쪽 어깨에 상의를 걸치게 한 후에 비구들의 발에 절하게 하고, 무릎을 꿇고 앉게 한 후에 합장하고 다음과 같이 말하도록 하시오!

> 부처님께 귀의합니다. 가르침에 귀의합니다. 상가[僧伽]에 귀의합니다.
> 두 번째로, 부처님께 귀의합니다. 두 번째로, 가르침에 귀의합니다. 두 번째로, 상가에 귀의합니다.
> 세 번째로, 부처님께 귀의합니다. 세 번째로, 가르침에 귀의합니다. 세 번째로, 상가에 귀의합니다.

비구들이여, 나는 이 삼귀의에 의해 사미를 출가시키도록 규정합니다.

6.4. 사리뿟따 존자가 라홀라 왕자를 출가시키자, 삭까의 왕 숫도다나가 세존을 찾아와서 예배하고 한쪽에 앉은 후에 세존께 말씀드렸습니다.

"세존이시여, 저에게 소원이 하나 있습니다."

"고따마왕이시여, 모든 여래는 소원을 초월했습니다."[32]

"세존이시여, 허락하셔도 허물이 없는 것입니다."

"고따마왕이시여, 말씀하십시오."

---

32 'atikkantavarā kho Gotama tathāgatā'의 번역. 'tathāgatā'가 복수형(複數形)이기 때문에 '모든 여래'로 번역함. 소원을 초월했다는 것은 소원을 비는 대상이 아니라는 의미이다.

6.5. “세존이시여, 세존께서 출가하셨을 때 저는 매우 괴로웠으며, 난다(Nanda)가 출가했을 때는 극심했습니다. 세존이시여, 그런데 라훌라까지 출가하고 보니, 자식에 대한 애정이 피부를 에고, 피부를 엔 후에 가죽을 에고, 가죽을 엔 후에 살을 에고, 살을 엔 후에 힘줄을 에고, 힘줄을 엔 후에 뼈를 에고, 뼈를 엔 후에 골수를 빼냅니다. 세존이시여, 제발 성자(聖者)들이 부모가 허락하지 않은 아이를 출가시키지 않도록 해주십시오!”

6.6. 세존께서는 법을 설하여 삭까의 왕 숫도다나를 가르치고, 격려하고, 칭찬하고, 기쁘게 하셨습니다. 세존의 가르침을 받은 삭까의 왕 숫도다나는 세존께 예배하고 오른쪽으로 돈 후에 떠났습니다. 세존께서는 이 인연과 이 일에 대하여 설명하신 후에 비구들에게 말씀하셨습니다.

“비구들이여, 부모가 허락하지 않은 아이를 출가시켜서는 안 되오. 출가시키는 사람은 악작(惡作)을[33] 범하는 것이오.”

---

33 ‘dukkaṭa’의 번역. 계율을 범하는 죄 가운데 가벼운 죄로서, 참회하면 용서된다.

제
7
장

포살(布薩)과 안거(安居)의 인연

[해제]

붓다가 라자가하에서 처음 가르침을 펼 때는 재가 신도들을 위한 정기적인 법회가 없었다. 그런데 다른 외도들은 매월 15일을 기준으로 8일과 14일 그리고 15일에 재가자를 상대로 정기적으로 설법하는 법회를 열었다. 매월 8일, 14일, 15일, 23일, 29일, 30일에 법회를 가진 것이다.

붓다에게 귀의한 마가다의 왕 세니야 빔비사라는 붓다에게 대중포교를 위하여 붓다의 상가도 정기적으로 법회를 가질 것을 청하였고, 붓다가 이를 받아들임으로써 정기법회에 해당하는 포살(布薩)이 공식적인 법회로 확정되었다.

이 밖에 안거(安居)와 자자(自恣)의 인연을 모아서 제7장에 실었다.

포살(布薩)의 인연

7.1. 세존께서 라자가하의 깃자꾸따(Gijjhakūṭa)산에 머무실 때 외도 행각수행자들은 보름의 8일과 14일 그리고 15일에 모여서 법을 설했습니다. 사람들은 법을 듣기 위해 그들에게 갔습니다. 사람들은 외도 행각수행자들을 좋아하고 신뢰하게 되었고, 외도 행각수행자들은 신도(信徒)를 얻었습니다.

7.2. 마가다의 왕 세니야 빔비사라는 홀로 좌선하는 도중에 마음에 이런 생각이 떠올랐습니다.

'지금 외도 행각수행자들은 보름의 8일과 14일 그리고 15일에 모여서 법을 설한다. 사람들은 법을 듣기 위해 그들에게 간다. 사람들은 외도 행각수행자들을 좋아하고 신뢰하게 되고, 외도 행각수행자들은 신도를 얻는다. 성자들도 보름의 8일과 14일 그리고 15일에 모이면 좋겠다.'

7.3. 마가다의 왕 세니야 빔비사라는 세존을 찾아가서 예배한 후에 한쪽에 앉아 세존께 말씀드렸습니다.

"세존이시여, 제가 홀로 좌선하는 도중에 마음에 '지금 외도 행각수행자들은 보름의 8일과 14일 그리고 15일에 모여서 법을 설한다. 사람들은 법을 듣기 위해 그들에게 간다. 사람들은 외도 행각수행자들을 좋아하고 신뢰하게 되고, 외도 행각수행자들은 신도를 얻는다. 성자들도 보름의 8일과 14일 그리고 15일에 모이면 좋겠다'라는 생각이 떠올랐습니다. 세존이시여, 부디 존자들도 보름의 8일과 14일 그리고 15일에 모이면 좋겠습니다."

7.4. 세존께서는 법을 설하여 마가다의 왕 세니야 빔비사라를 가르치고, 격려하고, 칭찬하고, 기쁘게 했습니다. 세존의 가르침을 받은 마가다의 왕 세니야 빔비사라는 세존께 예배하고 오른쪽으로 돈 후에 떠났습니다. 세존께서는 이 인연과 이 일에 대하여 설법하신 후에 비구들에게 말씀하셨습니다.

"비구들이여, 나는 보름의 8일과 14일 그리고 15일에 모이도록 규정합니다."

포살설법(布薩說法)

7.5. 그때 비구들은 세존께서 '보름의 8일과 14일 그리고 15일에 모이라'고 규정하셨기 때문에, 보름의 8일과 14일 그리고 15일에 모여서 말없이 앉아있었습니다. 사람들은 법을 듣기 위해 왔다가 실망하고 화가 나서 불평했습니다.

"석씨(釋氏) 사문들은 보름의 8일과 14일 그리고 15일에 모여서 꿀 먹은 벙어리들처럼[34] 말없이 앉아만 있다. 모였으면 마땅히 법을 설해야 하지 않겠는가?"

그 비구들은 사람들이 불평하는 소리를 듣고 이 일을 세존께 알렸습니다.

세존께서는 이 인연과 이 일에 대하여 설명하신 후에 비구들에게

34 'seyyathāpi mūgasūkarā'의 번역. 'mūgasūkara'는 '벙어리'를 의미하는 'mūga'와 멧돼지를 의미하는 'sūkara'의 합성어로서, 원뜻은 '벙어리 멧돼지'이다.

말씀하셨습니다.

"비구들이여, 나는 보름의 8일과 14일 그리고 15일에 모여서 설법하도록 규정합니다."

포살갈마(布薩羯磨)

7.6. 세존께서 홀로 좌선하는 도중에 마음에 '내가 비구들에게 제정(制定)한 학계(學戒)들을 그들이 계본(戒本)으로 독송(讀誦)하도록 규정하여,[35] 그것이 그들의 포살갈마(布薩羯磨)가 되게 하면 좋겠다'라는 생각이 떠올랐습니다.

7.7. 세존께서는 오전에 좌선에서 일어나 이 인연과 이 일에 대하여 설명하신 후에, 비구들에게 좌선하는 도중에 마음에 떠오른 생각을 말씀하시고 나서 이렇게 말씀하셨습니다.

"비구들이여, 나는 계본(戒本)을 독송(讀誦)하도록 규정합니다.

7.8. 비구들이여 계본의 독송은 이렇게 해야 합니다. 먼저, 학식 있고, 자격 있는 비구가 상가에 알려야 합니다.

존자들이여! 상가는 나의 말을 들으시오. 오늘은 15일, 포살일(布薩日)입니다. 건전한 상가라면, 상가는 포살(布薩)을 행해야 하고, 계본을 독송해야 합니다.

35 'nesaṃ pātimokkhuddesaṃ anujāneyyaṃ'의 번역. 'pātimokkhuddesaṃ'은 '별해탈율의(別解脫律儀)' 또는 '계본(戒本)'으로 한역되는 'pātimokkha'와 '독송(讀誦)'을 의미하는 'uddesa'의 합성어로서, 계본의 계목(戒目)을 독송하는 것을 의미한다.

상가가 먼저 해야 할 일은 무엇입니까?

존자들은 (자신이) 청정함을 알리십시오!

내가 계본을 독송하겠습니다. 우리 모두 조용히 잘 듣고 생각합시다.

죄가 있으면 발로(發露)하고, 죄가 없으면 침묵하십시오!

침묵하면 저는 그 존자에 대하여 '청정하다'라고 인지할 것입니다.

각각의 물음에 대답하십시오! 같은 방식으로 대중은 3번 선언하십시오!

3번 선언하는 동안에 죄를 기억하고 있어도 고백하지 않으면, 그 비구는 고의로 거짓말을 한 것이 됩니다. 존자들이여, 세존께서는 고의로 하는 거짓말은 장애가 되는 법이라고 말씀하셨습니다. 그러므로 청정해지기를 바란다면, 지은 죄를 기억하는 비구는 발로하십시오. 발로하면 편안할 것입니다."

안거(安居)의 인연

7.9. 세존께서 라자가하의 웰루와나(Veḷuvana) 깔란다까니와빠(Kalandakanivāpa)에 머무실 때, 그때는 아직 세존께서 비구들에게 우안거(雨安居)를 설정(設定)하지 않으셨습니다. 그래서 비구들은 겨울에도, 여름에도, 우기에도 유행(遊行)하였습니다.

7.10. 사람들은 실망하고 화가 나서 불평했습니다.

"풀이 짓밟히고, 지렁이가 밟히고, 많은 작은 생명이 죽게 될 텐데, 어찌하여 석씨(釋氏) 사문들은 겨울이나 여름뿐만 아니라, 우기에도 유행을 한단 말인가? 외도(外道)들은 지키기 어려운 가르침을 펴지만, 우안거를 준비하고 실행하며, 새들도 나무꼭대기에 둥지를 지어 우안거를 준비하고 실행한다. 그런데 석씨 사문들은 풀이 짓밟히고, 지렁이가 밟히고, 많은 작은 생명이 죽게 될 텐데 겨울이나 여름뿐만 아니라 우기에도 유행한다."

7.11. 비구들은 사람들이 실망하고 화가 나서 불평하는 소리를 듣고, 이 사실을 세존께 알렸습니다. 세존께서는 이 인연과 이 일에 대하여 설명하신 후에 비구들에게 말씀하셨습니다.

"비구들이여, 나는 우안거에 들도록 규정합니다."

자자(自恣)의 인연

7.12. 세존께서 사왓티(Sāvatthī)의 제따와나 아나타삔디까(Jetavana Anāthapiṇḍika) 승원에 머무실 때, 서로 잘 아는 친구 사이의 많은 비구들이 꼬살라(Kosala)의 어떤 지방에 있는 거주지에서 우안거에 들어갔습니다. 그 비구들은 이렇게 생각했습니다.

'우리는 어떻게 하면 조화롭게 화합하고, 다투지 않고 편안하게, 탁발에 어려움 없이 우안거를 지낼 수 있을까?'

7.13. 그 비구들은 다시 이렇게 생각했습니다.

'우리는 다른 사람과 말하거나 대화하지 않고, 맨 먼저 마을에서 탁발을 마치고 돌아온 사람은 자리를 깔고, 마실 물과 씻을 물을 마련하고, 개수통을 준비하기로 하자.

7.14. 나중에 마을에서 탁발을 마치고 돌아온 사람은 남은 음식이 있으면, 원하면 그것을 먹고, 원치 않으면 풀이 없는 곳에 버리거나 아무것도 살지 않는 물에 가라앉히기로 하자. 그는 자리를 정리하고, 마실 물과 씻을 물을 치우고, 개수통을 정리하고, 식당을 청소하기로 하자.

7.15. 비어있는 식수통이나 개수통이나 배설물통은 본 사람이 채우기로 하자. 만약에 힘에 부치면, 손짓으로 동료를 불러서 손으로 신호하면서 함께하기로 하자. 그렇지만 그 일을 하기 위해 말은 하지 않기로 하자. 이렇게 하면 우리는 조화롭게 화합하고, 다투지 않고 편안하게, 탁발에 어려움 없이 우안거를 지낼 수 있을 것이다.'

7.16. 그 비구들은 다른 사람과 말하거나 대화하지 않으면서, 맨 먼저 마을에서 탁발을 마치고 돌아온 사람은 자리를 깔고, 마실 물과 씻을 물을 마련하고, 개수통을 준비했습니다.

7.17. 나중에 마을에서 탁발을 마치고 돌아온 사람은 남은 음식이 있으면, 원하면 그것을 먹고, 원치 않으면 풀이 없는 곳에 버리거나 아무것도 살지 않는 물에 가라앉혔습니다. 그는 자리를 정리하고, 마실 물과 씻을 물을 치우고, 개수통을 정리하고, 식당을 청소했습니다.

7.18. 비어있는 식수통이나 개수통이나 배설물통은 본 사람이 정리했습니다. 만약에 힘에 부치면, 손짓으로 동료를 불러서 손으로 신호하면서 함께 작업했습니다. 그렇지만 그 일을 하기 위해 말을 하지는 않았습니다.

7.19. 안거를 마치면 비구들은 세존을 뵙기 위해 찾아가는 것이 관행이었습니다. 그래서 그 비구들은 안거에서 일어나 3개월 동안 머물던 숙소를 정리한 후에 발우와 법의를 들고 사왓티로 길을 떠났습니다. 여

행을 계속하여 사왓티의 제따와나 아나타삔디까 승원에 도착한 그들은 세존을 찾아가서 예배한 후에 한쪽에 앉았습니다. 방문하는 비구와 함께 인사를 나누는 것이 붓다 세존의 관행이었습니다.

7.20. 세존께서 그 비구들에게 말씀하셨습니다.

"비구들이여, 견딜 만했나요? 참을 만했나요? 조화롭게 화합하고, 다투지 않고 편안하게, 탁발에 어려움 없이 우안거를 지냈나요?"

"세존이시여, 우리는 견딜 만하고, 참을 만했습니다. 우리는 조화롭게 화합하고, 다투지 않고 편안하게, 탁발에 어려움 없이 우안거를 지냈습니다."

7.21. 세존께서는 아시는 것을 묻기도 하고, 아시는 것을 묻지 않기도 하십니다. 때를 알아서 묻고, 때를 알아서 묻지 않으십니다. 여래는 유익하면 묻고, 무익하면 묻지 않으십니다. 여래는 무익하면 묻기를 멈추십니다.[36] 세존께서 그 비구들에게 말씀하셨습니다.

"비구들이여, 그대들은 어떻게 조화롭게 화합하고, 다투지 않고 편안하게, 탁발에 어려움 없이 우안거를 지냈나요?"

7.22. 그 비구들은 서로 잘 아는 친구 사이였지만, 안거 동안 다른 사람과 말하거나 대화하지 않고 지낸 일을 세존께 상세히 말씀드렸습니다.

7.23. 그러자 세존께서 그 비구들에게 말씀하셨습니다.

"비구들이여, 이 어리석은 사람들은 사실은 불편하게 지내고서, '우리는 편안하게 지냈다'라고 용인하는군요. 비구들이여, 이 어리석은 사람들은 사실은 말 못 하는 짐승처럼 함께 지냈으면서, '우리는 편안

---

36 'setughāto'의 번역. 원문의 뜻은 '교량(橋梁)을 끊다'이다.

하게 지냈다'라고 용인하는군요. 비구들이여, 이 어리석은 사람들은 사실은 염소처럼 함께 지내고서, '우리는 편안하게 지냈다'라고 용인하는군요. 비구들이여, 이 어리석은 사람들은 사실은 태만한 자들처럼 함께 지내고서, '우리는 편안하게 지냈다'라고 용인하는군요. 비구들이여, 도대체 어찌하여 이 어리석은 사람들은 외도(外道)가 수지(受持)하는 묵언수행(黙言修行)을 했단 말인가?"

7.24. 세존께서는 크게 꾸짖으시고, 법도에 맞게 말씀하신 후에 비구들에게 말씀하셨습니다.

"비구들이여, 외도가 수지하는 묵언수행을 하지 마시오! 수지하는 사람은 악작(惡作)을 범하는 것이오. 비구들이여, 나는 우안거를 마친 후에 본 것, 들은 것, 의심스러운 것 세 가지에 대하여 자자(自恣)를 행하도록 규정합니다. 그대들은 자자를 통해서 서로 간에 수순(隨順)하게 되고, 죄에서 벗어나게 되고, 율(律)을 받들게 될 것입니다.

7.25. 비구들이여, 자자는 이렇게 해야 합니다.

먼저, 학식 있고, 자격 있는 비구가 상가에 알려야 합니다.

'존자들이여! 상가는 나의 말을 들으시오! 오늘은 자자일(自恣日)입니다. 건전한 상가라면, 상가는 자자를 행해야 합니다.'

장로(長老) 비구는 한쪽 어깨에 상의를 걸치고, 무릎을 꿇고 앉아 합장하고 다음과 같이 말하도록 하시오!

'존자들이여, 저는 본 것이나 들은 것이나 의심스러운 것에 대하여 상가에 자자를 행하고자 합니다. 존자들은 연민심을 일으켜 저에게 말해 주십시오! 알게 되면 참회하겠습니다.'

이렇게 각각 세 번씩 자자를 행해야 합니다.

장로 비구들의 자자가 끝나면 새내기 비구들도 같은 방법으로 자자를 행해야 합니다."

제 8 장

●

소나의 출가

[해제]

부호의 아들 소나(Soṇa)는 붓다의 설법을 듣고 발심하여 출가한다. 출가한 소나는 몸을 돌보지 않고 극심한 수행을 하다가 뚜렷한 결실을 보지 못하자 환속할 생각을 하게 된다. 이러한 소나의 생각을 안 붓다는 그를 찾아가서 이렇게 말씀하신다.

"소나여, 어떠한가? 줄이 지나치게 조여지지 않고, 지나치게 느슨하지 않고, 균형이 유지될 때 그대의 거문고는 비로소 아름다운 소리가 나지 않겠는가?"

많은 사람에게 널리 알려진 거문고의 비유는 이렇게 해서 설해진 것이다. "극심한 정진을 하면 흥분하여 들뜨게 되고, 느슨하게 정진하면 나태해진다"는 것이 붓다의 가르침이다.

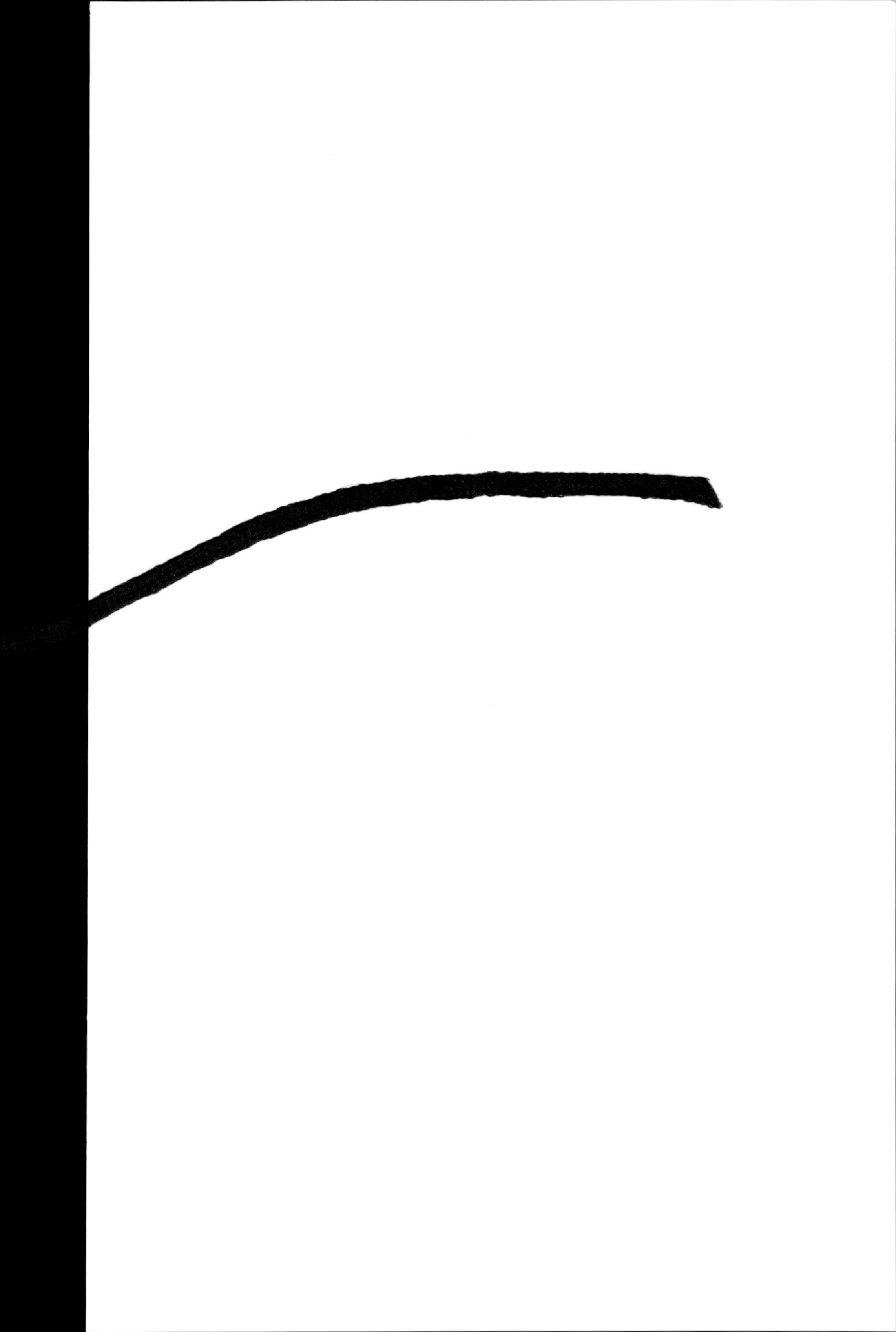

소나의 출가

8.1. 세존께서 라자가하의 깃자꾸따산에 머무실 때, 마가다의 왕 세니야 빔비사라는 8만 고을의 촌장들을 다스리고 있었습니다. 그때 짬빠(Campā)에 소나 꼴리위사(Soṇa Koḷivisa)라는 부호의 아들이 있었는데, 그는 연약했으며 발바닥에는 털이 돋아나 있었습니다. 마가다의 왕 세니야 빔비사라는 어떤 볼일로 8만 고을의 촌장을 소집한 후 소나 꼴리위사에게 사자(使者)를 보내 "소나는 오너라! 나는 소나가 오기를 바란다"라고 전했습니다.

8.2. 소나 꼴리위사의 부모가 말했습니다.

"소나야, 왕께서 너의 발바닥에 난 털을 보고 싶어 하시는 것 같구나. 소나야, 너는 왕에게 두 발을 뻗지 말고, 왕 앞에서 가부좌를 하고 앉아라. 앉으면 왕께서 너의 두 발바닥을 보실 수 있을 것이다."

가마를 타고 온 소나 꼴리위사는 마가다의 왕 세니야 빔비사라를 찾아가 예배한 후에 가부좌하고 앉았습니다. 마가다의 왕 세니야 빔비사라는 소나 꼴리위사의 발바닥에 난 털을 보았습니다.

8.3. 마가다의 왕 세니야 빔비사라는 8만 고을의 촌장들에게 현재의 이익에 대하여 설명한 후에 권유했습니다.

"여러분은 나에게 현재의 이익에 대하여 설명을 들었으니, 이제 가서 세존을 찾아가 뵙도록 하시오! 세존께서 미래의 이익에 대하여 설명해주실 것입니다."

그래서 8만 고을의 촌장들은 깃자꾸따산으로 갔습니다.

8.4. 당시 세존의 시자(侍者)는 사가따(Sāgata) 존자였습니다. 그래서

8만 고을의 촌장들은 사가따 존자를 찾아가서 말했습니다.

"존자여, 여기 8만 고을의 촌장들은 세존을 뵙기 위해서 찾아왔습니다. 존자여, 부디 우리가 세존을 뵐 수 있도록 해주십시오!"

"존자들이여, 그렇다면 여러분은 제가 세존께 말씀드리는 동안 여기에 잠시 계십시오!"

8.5. 사가따 존자는 8만 고을의 촌장들이 보고 있는 앞에서 계단 아래 바닥 밑으로 들어갔다가 세존 앞에 솟아올라 세존께 말씀드렸습니다.

"세존이시여, 8만 고을의 촌장들이 세존을 뵙기 위해서 찾아왔습니다. 세존이시여, 지금 세존께서 맞이하실 때가 된 것 같습니다."

"사가따여, 그렇다면 그대는 정사(精舍)의 그늘에 자리를 펴도록 하라!"

8.6. "그렇게 하겠습니다. 세존이시여!"

사가따 존자는 세존께 대답한 후에 자리를 들고 세존 앞에서 밑으로 들어갔다가 8만 고을의 촌장들이 보고 있는 앞에서 계단 아래 바닥 위로 솟아올라 정사의 그늘에 자리를 폈습니다.

세존께서는 정사에서 나와 정사의 그늘에 마련된 자리에 앉으셨습니다.

8.7. 8만 고을의 촌장들은 세존께 다가가서 예배한 후에 한쪽에 앉았습니다. 그런데 그들은 사가따 존자에게 관심을 보이고, 세존에게는 관심을 보이지 않았습니다. 세존께서는 이들이 마음으로 생각하는 바를 아시고 사가따 존자에게 말씀하셨습니다.

"사가따여, 그대는 인간법(人間法)을 초월한 신통변화(神通變化)를 더 많이 보여 보라!"

"그렇게 하겠습니다. 세존이시여!"

사가따 존자는 세존께 대답한 후에 하늘로 떠올라 허공에서 공중을 걷기도 하고, 머물기도 하고, 앉기도 하고, 향을 피우기도 하고, 화염을 내기도 하고, 사라지기도 했습니다.

8.8. 사가따 존자는 허공에서 여러 가지 인간법을 초월한 신통변화를 보이고 나서, 세존의 발에 머리를 조아린 후에 세존께 말씀드렸습니다.

"세존이시여, 세존께서는 저의 스승이시고, 저는 세존의 제자입니다. 세존이시여, 세존께서는 저의 스승이시고, 저는 세존의 제자입니다."

그러자 8만 고을의 촌장들은 "여러분, 참으로 경이롭군요! 여러분, 참으로 희유하군요! 제자에게 이런 큰 신통이 있다면, 아마도 스승에게는 큰 위신력이 있을 것입니다"라고 말하면서 세존에게 관심을 보이고, 사가따 존자에게는 관심을 보이지 않았습니다.

8.9. 세존께서는 8만 고을의 촌장들이 마음으로 생각하는 바를 아시고, 순차적으로 설법[次第說法]을 하셨습니다. 보시(布施)를 말씀하시고, 지계(持戒)를 말씀하시고, 천상(天上)을 말씀하시고, 위험하고 천박하고 더러운 감각적 욕망과 감각적 욕망에서 벗어나 얻게 되는 이익을 차례차례 설명하셨습니다. 세존께서는 그들이 유연하고 편견 없는 기쁘고 청정한 마음으로 가르침을 받아들일 수 있는 적절한 마음이 된 것을 아시고, 모든 붓다의 요결법문인 괴로움[苦], 쌓임[集], 소멸[滅], 길[道]을 설명하셨습니다.

마치 오염이 안 된 깨끗한 옷이 염료를 완전히 받아들이듯이, 그 자리에서 8만 고을의 촌장들에게 '쌓인 법[集法]은 어떤 것이든 모두 소멸하는 법[滅法]이다'라는 청정무구한 법안(法眼)이 생겼습니다.

8.10. 법을 보고 법을 성취하고 법을 알고 법을 깊이 이해하여, 의심에서 벗어나고 의혹이 사라지고 두려움이 사라지고 스승의 가르침에 대하여 남에게 의지하지 않게 된 그들은 세존께 이렇게 말씀드렸습니다.

"훌륭합니다. 세존이시여! 훌륭합니다. 세존이시여! 세존이시여, 마치 뒤집힌 것을 바로 세우는 것 같고, 감추어진 것을 드러내는 것 같고, 길 잃은 자에게 길을 알려주는 것 같고, '눈 있는 자들은 보라!'라고 어둠 속에서 등불을 비춰주는 것 같습니다. 이렇게 세존께서는 여러 가지 방법으로 진리를 알려주셨습니다. 세존이시여, 그래서 저는 세존께 귀의합니다. 가르침과 비구상가에 귀의합니다. 세존이시여, 저희를 청신사로 받아주소서! 지금부터 살아있는 날까지 귀의하겠나이다."

8.11. 그때 소나 꼴리위사는 '내가 속가(俗家)에 살면서 세존의 가르침을 듣고 이해한 그대로 온전하고 순수하게 청정한 범행(梵行)을 실천하기는 쉽지 않다. 나는 차라리 머리와 수염을 깎고, 가사(袈裟)를 입고 집을 떠나 출가해야겠다'라고 생각했습니다.

8만 고을의 촌장들은 세존의 말씀에 만족하고 기뻐하고서, 자리에서 일어나 세존께 예배하고 오른쪽으로 돈 후에 떠났습니다.

8.12. 소나 꼴리위사는 8만 고을의 촌장들이 떠난 직후에 세존께 다가가서 예배하고 한쪽에 앉아 이렇게 말씀드렸습니다.

"세존이시여, 저는 '속가에 살면서 세존의 가르침을 듣고 이해한 그대로 온전하고 순수하게 청정한 범행(梵行)을 실천하기는 쉽지 않으므로 차라리 머리와 수염을 깎고, 가사를 입고 집을 떠나 출가해야겠다'라고 생각했습니다. 세존이시여, 저는 출가하고 싶습니다. 세존께서 저를 출가시켜주십시오!"

소나 꼴리위사는 세존 앞으로 출가하여 구족계를 받았습니다. 소나 존자는 구족계를 받은 후에 시따와나(Sītavana)에서 지냈습니다.[37]

8.13. 그는 극심하게 경행(經行)을 하여 두 발바닥이 찢어졌으며, 경행처(經行處)는 마치 도살장처럼 피가 낭자했습니다. 어느 날 홀로 좌선하던 소나 존자에게 이런 생각이 떠올랐습니다.

'그 누구든 극심한 정진을 하면서 지내는 세존의 제자들이 있다면, 나는 그들 가운데 하나다. 그런데 나의 마음은 집착 없이 번뇌로부터 해탈하지 못했다. 그렇지만 나의 가문에는 재산이 있으니, 재산을 향유할 수도 있고 공덕을 지을 수도 있다. 나는 차라리 환속하여 재산을 향유하고 공덕을 짓는 것이 나을 것 같다.'

8.14. 세존께서는 소나 존자가 마음으로 생각하는 바를 아시고, 마치 건장한 사람이 구부린 팔을 펴거나 편 팔을 구부리듯이, 이렇게 삽시간에 깃자꾸따산에서 사라져 시따와나에 나타나셨습니다. 세존께서는 많은 비구들과 함께 방사(房舍)를 돌아보고, 소나 존자의 경행처를 찾아가셨습니다. 세존께서는 마치 도살장처럼 피가 낭자한 소나 존자의 경행처를 보시고, 비구들에게 말씀하셨습니다.

"비구들이여, 어찌하여 이 경행처는 마치 도살장처럼 피가 낭자한가?"

"세존이시여, 소나 존자는 극심하게 경행을 하여 두 발이 찢어졌

---

37 시따와나(Sītavana)는 시체를 버리는 숲이다.

습니다. 그래서 이 경행처는 마치 도살장처럼 피가 낭자합니다."

8.15. 세존께서는 소나 존자의 처소를 찾아가서 마련된 자리에 앉으셨습니다. 소나 존자는 세존께 예배하고 한쪽에 앉았습니다. 한쪽에 앉은 소나 존자에게 세존께서 말씀하셨습니다.

"소나여, 그대가 홀로 좌선할 때 '그 누구든 극심한 정진을 하면서 지내는 세존의 제자들이 있다면, 나는 그들 가운데 하나다. 그런데 나의 마음은 집착 없이 번뇌로부터 해탈하지 못했다. 그렇지만 나의 가문에는 재산이 있으니, 재산을 향유할 수도 있고 공덕을 지을 수도 있다. 나는 차라리 환속하여 재산을 향유하고 공덕을 짓는 것이 나을 것 같다'라는 생각이 떠오르지는 않았는가?"

"그렇습니다. 세존이시여!"

"소나여, 어떠한가? 그대는 예전에 속가에 있을 때, 거문고를[38] 연주하지 않았던가?"

"그렇습니다. 세존이시여!"

"소나여, 어떠한가? 줄을 지나치게 조이면, 그때 그대의 거문고는 훌륭한 소리가 나던가?"

"그렇지 않습니다. 세존이시여!"

8.16. "소나여, 어떠한가? 줄이 지나치게 느슨하면, 그때 그대의 거문고는 훌륭한 소리가 나던가?"

"그렇지 않습니다. 세존이시여!"

---

38 'vīṇā'의 번역. 'vīṇā'는 인도의 전통 현악기이다. 중국과 우리나라의 비파(琵琶)는 인도의 'vīṇā'가 전해진 것이라고 한다. 이 비유는 우리에게 거문고의 비유로 널리 알려진 것이기 때문에 거문고로 번역했다.

"소나여, 어떠한가? 줄이 지나치게 조여지지 않고, 지나치게 느슨하지 않고, 균형이 유지될 때 그대의 거문고는 비로소 아름다운 소리가 나지 않겠는가?"

"그렇습니다. 세존이시여!"

"소나여, 이렇게 극심한 정진을 하면 흥분하여 들뜨게 되고, 느슨하게 정진하면 나태해진다."

8.17. "소나여, 그러므로 이제 그대는 정진의 균형을 유지하면서, 지각활동의 평정을 얻어, 거기에서 지각된 모습을 파악하도록 하여라."[39]

소나 존자는 "그렇게 하겠습니다. 세존이시여!"라고 세존께 대답했습니다.

세존께서는 소나 존자를 이와 같은 교계(教誡)로써 훈계하신 후에 마치 건장한 사람이 구부린 팔을 펴거나, 편 팔을 구부리듯이, 이렇게 삽시간에 시따와나에 있는 소나 존자 앞에서 사라져 깃자꾸따산에 나타나셨습니다.

8.18. 소나 존자는 그 후에 균형 잡힌 정진을 유지하면서, 지각활동의 평정을 얻어, 거기에서 지각된 모습을 파악했습니다. 홀로 멀리 떨어져 방일하지 않고 스스로 노력하며 지내던 소나 존자는 오래지 않아 선남자가 집을 버리고 출가한 목적에 합당한 위없는 범행(梵行)의 완성을 지금 여기에서 몸소 체험적 지혜[勝智]로 체득하고 성취하여 살아가게 되었습니다.

그는 '생(生)은 소멸했다. 청정한 범행을 완성했으며, 해야 할 일을

---

39 'tasmāt iha Soṇa viriyasamataṃ adhiṭṭhaha indriyānaṃ ca samataṃ paṭivijjha tattha ca nimittaṃ gaṇhāhīti'의 번역.

끝마쳤다. 다시는 이와 같은 상태로 되지 않는다'라고 증득(證得)했습니다.[40] 그리하여 소나 존자는 아라한 가운데 한 분이 되었습니다.

40 'abbhaññāsi'의 번역.

제 9 장

지와까 꼬마라밧짜

【 해제 】

지와까 꼬마라밧짜(Jīvaka Komārabhacca)는 라자가하에서 기녀의 아들로 태어나 우여곡절 끝에 천하의 명의(名醫)가 된 인물이다. 그는 '붓다를 위시한 비구상가를 돌보라!'는 빔비사라왕의 분부를 받고 붓다에게 귀의하여 불교 홍포에 많은 공헌을 하였다. 초기 율장에서 특별히 지와까 이야기에 한 장을 할애한 것을 보면, 그가 붓다에게 얼마나 큰 힘이 되는 인물이었는지를 짐작할 수 있다.

지와까 꼬마라밧짜

9.1. 세존께서 라자가하의 웰루와나 깔란다까니와빠에 머무실 때 웨살리(Vesālī)는 음식이 풍부하고 사람들로 붐비는, 인구가 많고 부유하고 풍요로운 곳이었으며, 7,707개의 누각(樓閣)이 있고, 7,707개의 중각(重閣)이 있고, 7,707개의 원림(園林)이 있고, 7,707개의 연못이 있었습니다. 그리고 연꽃 같은 최고의 용모를 지닌, 아름답고 사랑스럽고 빼어난 미모의 기녀(妓女) 암바빨리(Ambapālī)가 있었습니다. 그녀는 춤과 노래와 연주에도 능했습니다. 그녀와 함께 어울리기를 원하는 사람들의 하룻밤 화대(花代)는 50까하빠나(kahāpana)에[41] 달했습니다. 그래서 웨살리는 더욱 번성했습니다.

9.2. 라자가하에 사는 어떤 사람이 용무가 있어서 웨살리에 왔다가 풍요로운 웨살리가 아름다운 기녀 암바빨리로 인해서 더욱 번성하는 것을 보았습니다. 그는 용무를 마친 후 라자가하로 돌아가서 마가다의 왕 세니야 빔비사라에게 찾아가 말했습니다.

"왕이시여! 웨살리는 음식이 풍부하고 사람들로 붐비는 부유하고 풍요로운 곳인데 빼어난 미모의 기녀 암바빨리가 있어서 더욱 번성하고 있습니다. 부디 우리도 기녀를 만들도록 해주십시오."

"그렇다면, 그와 같은 동녀(童女)를 찾아서 그대들이 그녀를 기녀로 만들도록 하라!"

---

41 화폐의 단위.

9.3. 그때 라자가하에 연꽃 같은 최고의 용모를 지닌, 아름답고 사랑스럽고 빼어난 미모의 살라와띠(Sālavatī)라는 동녀가 있었습니다. 그래서 그 라자가하에 사는 사람이 동녀 살라와띠를 기녀로 만들었습니다. 기녀 살라와띠는 오래지 않아 춤과 노래와 연주에 능숙해졌습니다. 그녀와 함께 어울리기를 원하는 사람들의 하룻밤 화대(花代)는 100까하빠나에 달했습니다. 그런데 오래지 않아 기녀 살라와띠는 임신했습니다. 기녀 살라와띠는 이렇게 생각했습니다.

'임신한 여인을 사내들은 좋아하지 않는다. 사람들이 내가 임신한 사실을 알게 되면, 나에 대한 모든 환대가 줄어들 것이다. 그러니 내가 병이 들었다고 주변에 알리는 것이 좋겠다.'

기녀 살라와띠는 문지기를 불러서 말했습니다.

"문지기여, 너는 어떤 사람도 들어오지 못하게 하라! 그리고 나에 대해 물으면, '병이 들었다'라고 알려주어라."

그 문지기는 기녀 살라와띠에게 "주인님! 그렇게 하겠습니다"라고 대답했습니다.

9.4. 기녀 살라와띠는 달이 차서 아들을 낳았습니다. 기녀 살라와띠는 하녀를 불러서 말했습니다.

"여봐라! 이 아이를 키[42]에 담아 쓰레기더미에 버려라!"

그 하녀는 기녀 살라와띠에게 "주인님! 그렇게 하겠습니다"라고 대답했습니다. 하녀는 기녀가 시키는 대로 그 아이를 쓰레기더미에 버렸습니다.

---

42 'kattarasuppa'의 번역. 'kattarasuppa'는 바람에 검불을 날려버리고 알곡을 모으는 도구이다.

그때 마침 아바야(Abhaya)라는 왕자가 왕을 알현하러 가다가 까마귀들에게 둘러싸인 그 아이를 보고 수행인들에게 물었습니다.

"까마귀들에게 둘러싸인 저것은 무엇인가?"

"전하! 아이입니다."

"살아있는가?"

"전하! 살아있습니다."

"그렇다면, 그 아이를 나의 내궁으로 데려가서 양육하도록 유모에게 건네주어라!"

그 수행인들은 아바야 왕자에게 "전하! 그렇게 하겠습니다"라고 대답한 후에 그 아이를 아바야 왕자의 내궁으로 데려가서, 양육하도록 유모에게 건네주었습니다. 그는 살아있었기 때문에 지와까(Jīvaka)라고 불렸으며, 왕자가 양육했기 때문에 꼬마라밧짜(Komārabhacca)라고 불렸습니다.

9.5. 이윽고 지와까 꼬마라밧짜는 철이 들어 사리 분별을 하게 되었습니다. 그는 아바야 왕자를 찾아가서 말했습니다.

"전하! 제 어머니는 누구이고, 제 아버지는 누구입니까?"

"지와까야! 나는 너의 어머니를 알지 못한다. 하지만 내가 너를 키웠으니, 내가 너의 아버지다."

지와까 꼬마라밧짜는 '기술이 없이는 왕족들에게 의지하여 살아가기 어렵다. 그러므로 나는 기술을 익혀야겠다'라고 생각했습니다.

그때 딱까실라(Takkasilā)에 세상에서 제일가는 의사가 살고 있었습니다.

9.6. 지와까 꼬마라밧짜는 아바야 왕자의 허락도 없이 딱까실라로

길을 떠났습니다. 그는 여행을 계속하여 딱까실라에 도착하자, 그 의사를 찾아가서 말했습니다.

"저는 의술을 배우고 싶습니다."

"지와까여, 그렇다면 배우도록 하여라!"

지와까 꼬마라밧짜는 많은 것을 빨리 배워서 잘 이해했으며, 배운 것을 잊지 않고 잘 기억했습니다. 지와까 꼬마라밧짜는 7년이 지나자 이렇게 생각했습니다.

'나는 많은 것을 빨리 배워서 잘 이해했고, 배운 것을 잊지 않고 잘 기억한다. 나는 7년 동안 배웠지만, 아직 의술을 완전히 알지 못한다. 나는 언제 의술을 완전하게 알게 될까?'

9.7. 지와까 꼬마라밧짜는 그 스승을 찾아가서 말했습니다.

"스승님! 저는 많은 것을 빨리 배워서 잘 이해했고, 배운 것을 잊지 않고 잘 기억합니다. 저는 7년 동안 배웠지만, 아직 의술을 완전히 알지 못합니다. 저는 언제 의술을 완전히 알게 될까요?"

"지와까여, 그렇다면 곡괭이를 가지고 딱까실라 주변 1 요자나(yojana)를[43] 돌아다니면서 어떤 것이든 약으로 쓸 수 없는 것을 보거든 그것을 가져오너라."

"스승님! 그렇게 하겠습니다."

지와까 꼬마라밧짜는 그 의사에게 승낙한 후에 곡괭이를 가지고 딱까실라 주변 1 요자나를 돌아다녔지만 어떤 것도 약으로 쓸 수 없는 것을 보지 못했습니다. 지와까 꼬마라밧짜는 스승에게 가서 말했습니다.

---

43 'yojana'는 거리의 단위로서 14km 정도를 나타낸다. 한역에서 유순(由旬)으로 번역된다.

"스승님! 저는 딱까실라 주변 1요자나를 돌아다녔지만, 어떤 것도 약으로 쓸 수 없는 것을 보지 못했습니다."

그는 "지와까여, 너는 더 배울 것이 없다. 이 정도면 네가 살아가는 데 충분할 것이다"라고 말하고, 지와까 꼬마라밧짜에게 약간의 여비를 주었습니다.

9.8. 지와까 꼬마라밧짜는 그 여비를 가지고 라자가하로 길을 떠났습니다. 지와까 꼬마라밧짜의 여비는 도중에 사께따(Sāketa)에서 동났습니다. 지와까 꼬마라밧짜는 '이 길은 물도 없고, 먹을 것도 없는 사막이다. 여비가 없으면 무사히 갈 수가 없으니 여비를 마련해야겠다'라고 생각했습니다.

그때, 사께따에 7년 동안 두통을 앓고 있는 부호의 부인이 있었습니다. 수많은 천하의 명의들이 왔지만, 병을 고치지 못하고 많은 황금만 가져갔습니다. 지와까 꼬마라밧짜는 사께따에 들어가서 사람들에게 물었습니다.

"여보세요. 혹시 내가 치료할 환자는 없나요?"

"선생님! 7년 동안 두통을 앓고 있는 부호의 부인이 있습니다. 선생님이 가서 부호의 부인을 치료하십시오!"

9.9. 지와까 꼬마라밧짜는 부호 장자의 집에 가서 문지기를 불러냈습니다.

"문지기여! 그대는 가서 부호의 부인에게 '의사가 마님을 뵙고 싶어 합니다'라고 말씀드려라."

"선생님! 그렇게 하겠습니다."

그 문지기는 지와까 꼬마라밧짜에게 대답한 후에 부호의 부인에게 가서 말했습니다.

"마님! 의사가 와서 마님을 뵙고 싶어 합니다."

"문지기여! 어떤 의사냐?"

"마님! 젊은이입니다."

"문지기여! 젊은이라면 그만두어라! 문지기여! 젊은 의사가 나에게 무엇을 할 수 있겠느냐? 수많은 천하의 명의들이 왔지만, 병을 고치지 못하고 많은 황금만 가지고 갔을 뿐이다."

9.10. 문지기는 지와까 꼬마라밧짜에게 가서 부인의 말을 전했습니다.

"문지기여! 그대는 부호의 부인에게 가서 '병이 낫기 전에는 아무것도 받지 않겠으며, 병이 나으면 그때 주고 싶은 대로 주라고 했습니다'라고 말씀드려라!"

"선생님! 그렇게 하겠습니다."

그 문지기는 지와까 꼬마라밧짜에게 대답한 후에 부호의 부인에게 가서 지와까 꼬마라밧짜의 말을 전했습니다.

"문지기여! 그렇다면 그 의사를 데려오너라!"

"마님! 그렇게 하겠습니다."

그 문지기는 부호의 부인에게 대답한 후에 지와까 꼬마라밧짜에게 가서 말했습니다.

"부호의 부인께서 선생님을 부르십니다."

9.11. 지와까 꼬마라밧짜는 부호의 부인에게 가서 그녀의 병색을 살핀 후에 그녀에게 말했습니다.

"마님! 버터기름 한 홉이 필요합니다."

부호의 부인은 사람을 시켜서 지와까 꼬마라밧짜에게 버터기름

한 홉을 주도록 했습니다. 지와까 꼬마라밧짜는 그 버터기름 한 홉에 여러 약재를 넣어 끓인 후 부호의 부인을 침대 위에 눕히고 코에 넣었습니다. 그러자 코로 들어간 버터가 입으로 솟아 나왔습니다. 부호의 부인은 그 버터를 그릇에 뱉은 후에 "여봐라! 이 버터기름을 솜으로 받아놓아라!"라고 하녀에게 명했습니다.

9.12. 지와까 꼬마라밧짜는 '놀랍구나! 뱉어낸 버터기름을 솜으로 받아놓게 하다니! 나는 비싼 약재를 많이 사용했는데, 이 부인은 나에게 어떤 대가를 줄까?'라고 생각했습니다.

거부의 부인은 지와까 꼬마라밧짜의 안색이 변한 것을 보고 그에게 물었습니다.

"선생님! 무슨 걱정이 있습니까?"

"저는 '놀랍구나! 뱉어낸 버터기름을 솜으로 받아놓게 하다니! 나는 비싼 약재를 많이 사용했는데, 이 부인은 나에게 어떤 대가를 줄까?'라고 생각했습니다."

"선생님! 우리 재가자들은 절약의 미덕(美德)을 배운답니다. 이 버터기름은 하인이나 일꾼들의 발에 바르거나 등에 부어 불을 켤 수 있습니다. 선생님! 걱정하지 마십시오! 당신의 대가는 소홀히 하지 않겠습니다.

9.13. 지와까 꼬마라밧짜는 한 차례 코를 씻어냄으로써 부호의 부인이 7년 동안 앓고 있던 두통을 없앴습니다. 부호의 부인은 병이 낫자 지와까 꼬마라밧짜에게 4,000까하빠나를 주었고, 부인의 아들은 어머니의 병을 낫게 했다고 4,000까하빠나를 주었고, 며느리는 시어머니의 병을 낫게 했다고 4,000까하빠나를 주었고, 부호 장자는 아내의 병을

낫게 했다고 4,000까하빠나와 하인과 하녀와 마차를 주었습니다.

지와까 꼬마라밧짜는 그 16,000까하빠나를 가지고, 하인과 하녀와 마차를 거느리고 라자가하로 길을 떠났습니다. 그는 여행을 계속하여 라자가하에 도착하자, 아바야 왕자를 찾아가서 말했습니다.

"전하! 이것은 제가 처음으로 일을 해서 번 16,000까하빠나와 하인과 하녀와 마차입니다. 저를 키워주신 왕자님께서 받아주십시오!"

"지와까여, 그만두어라. 그것은 너의 소유로 하고, 나의 내궁에 네가 머물 집이나 지어라."

"전하! 그렇게 하겠습니다."

지와까 꼬마라밧짜는 아바야 왕자에게 대답한 후에 아바야 왕자의 내궁에 머물 집을 지었습니다.

9.14. 그때 마가다의 왕 세니야 빔비사라에게 치질이 있어서 옷이 피로 더럽혀졌습니다. 왕비들이 그것을 보고, "왕이시여! 지금 월경 중이시군요. 왕께서 꽃이 나타났으니 머지않아 출산하시겠군요"라고 놀렸습니다. 그것 때문에 왕은 창피했습니다. 그래서 마가다의 왕 세니야 빔비사라가 아바야 왕자에게 말했습니다.

"아바야여, 나에게 옷이 피로 더럽혀지는 병이 있는데, 왕비들이 나를 보고 '왕이시여! 지금 월경 중이시군요. 왕께서 꽃이 나타났으니 머지않아 출산하시겠군요'라고 놀리는구나. 아바야여, 어서 나를 치료할 수 있는 의사를 알아보아라!"

"왕이시여! 저에게 젊지만, 명성이 높은 의사 지와까가 있습니다. 그가 치료할 수 있을 것입니다."

"아바야여, 그렇다면 의사 지와까에게 나를 치료하도록 명하여라!”

9.15. 아바야 왕자는 지와까 꼬마라밧짜에게 명했습니다.

“지와까여, 너는 가서 왕을 치료하여라!”

“전하! 그렇게 하겠습니다.”

지와까 꼬마라밧짜는 아바야 왕자에게 대답하고, 손톱에 약을 묻혀서 마가다의 왕 세니야 빔비사라를 찾아가서 말했습니다.

“왕이시여! 제가 환부(患部)를 살펴보겠습니다.”

지와까 꼬마라밧짜는 한 차례 고약을 바름으로써 마가다의 왕 세니야 빔비사라의 치질을 없앴습니다. 마가다의 왕 세니야 빔비사라는 병이 낫자 500명의 여인을 온갖 장신구로 꾸미게 한 다음에, 장신구를 풀어서 큰 꾸러미를 만들게 하고서 지와까 꼬마라밧짜에게 말했습니다.

“지와까여, 여인 500명의 갖가지 장신구는 그대의 것이다.”

“왕이시여! 그만두십시오. 왕께서는 제 공덕을 기억해 주시면 됩니다.”

“지와까여, 그렇다면 나와 나의 후궁과 붓다를 위시한 비구상가를 돌보도록 하여라.”

“왕이시여! 그렇게 하겠습니다.”

지와까 꼬마라밧짜는 마가다의 왕 세니야 빔비사라에게 약속했습니다.

9.16. 그때, 라자가하에 사는 한 부호가 7년 동안 두통을 앓고 있었습니다. 수많은 천하의 명의들이 왔지만, 병을 고치지 못하고 많은 황금만 가져갔습니다. 의사들은 치료를 포기했습니다. 어떤 의사는 “이 부호 장자는 5일 후에 죽을 것이다”라고 했고, 어떤 의사는 “이 부호 장

자는 7일 후에 죽을 것이다"라고 했습니다.

라자가하에 사는 한 주민이 '이 부호 장자는 왕과 주민들에게 매우 유익한 분이다. 그런데 의사들이 포기했다. 어떤 의사는 '이 부호 장자는 5일 후에 죽을 것이다'라고 하고, 어떤 의사는 '이 부호 장자는 7일 후에 죽을 것이다'라고 말한다. 왕에게는 젊지만, 명성이 높은 의사 지와까가 있다. 우리가 왕에게 지와까가 부호 장자를 치료하도록 해달라고 청원해야겠다'라고 생각했습니다.

9.17. 그는 마가다의 왕 세니야 빔비사라를 찾아가서 지와까가 부호 장자를 치료하도록 해달라고 청원했습니다. 청원을 들은 마가다의 왕 세니야 빔비사라는 지와까에게 명했습니다.

"지와까여, 너는 가서 부호 장자를 치료하여라!"

"왕이시여! 그렇게 하겠습니다."

지와까 꼬마라밧짜는 빔비사라 왕에게 대답하고 부호 장자를 찾아갔습니다. 그는 부호 장자의 병세를 살펴본 후에 부호 장자에게 말했습니다.

"만약에 내가 장자의 병을 고치면 대가는 어떻게 하시겠습니까?"

"선생님! 나의 모든 재산은 당신 것이 될 것이고, 나는 당신의 하인이 될 것입니다."

9.18. "장자여, 당신은 한쪽 옆구리로 7개월 동안 누워있을 수 있습니까?"

"선생님! 나는 한쪽 옆구리로 7개월 동안 누워있을 수 있습니다."

"장자여, 그러면 당신은 다른 쪽 옆구리로 7개월 동안 누워있을 수 있습니까?"

"선생님! 나는 다른 쪽 옆구리로 7개월 동안 누워있을 수 있습니다."

"장자여, 그러면 당신은 반듯이 누운 채로 7개월 동안 누워있을 수 있습니까?"

"선생님! 나는 반듯이 누운 채로 7개월 동안 누워있을 수 있습니다."

지와까 꼬마라밧짜는 부호 장자를 침대 위에 눕히고 침대에 묶은 다음, 머리 피부를 벗긴 후에 두개골을 열고 벌레 두 마리를 집어내어 사람들에게 보여주었습니다.

"여러분! 여기 벌레 두 마리를 보십시오! 한 마리는 작고, 한 마리는 큽니다. '이 부호 장자는 5일 후에 죽을 것이다'라고 말한 선생님들은 이 큰 벌레를 본 것입니다. 이 벌레가 5일 후에 부호 장자의 뇌수(腦髓)를 모조리 먹어치우면 부호 장자는 죽게 됩니다. 그 선생님들은 잘 본 것입니다. '이 부호 장자는 7일 후에 죽을 것이다'라고 말한 선생님들은 이 작은 벌레를 본 것입니다. 이 벌레가 7일 후에는 부호 장자의 뇌수를 모조리 먹어치우면 부호 장자는 죽게 됩니다. 그 선생님들도 잘 본 것입니다."

그는 부호의 두개골을 닫고, 머리 피부를 봉합한 후에 고약을 발랐습니다.

9.19. 그렇게 7일이 지나자 부호 장자가 지와까 꼬마라밧짜에게 말했습니다.

"선생님! 나는 한쪽 옆구리로 7개월 동안 누워있지 못하겠습니다."

"장자여, 당신은 한쪽 옆구리로 7개월 동안 누워있을 수 있다고 대답하지 않았나요?"

"선생님! 대답한 것은 사실입니다. 그렇지만 나는 죽을 것 같습니다. 나는 도저히 한쪽 옆구리로 7개월 동안 누워있지 못하겠습니다."

"장자여, 그렇다면 당신은 다른 쪽 옆구리로 7개월 동안 누워있으시오!"

7일이 지나자 부호 장자가 지와까 꼬마라밧짜에게 말했습니다.

"선생님! 나는 다른 쪽 옆구리로 7개월 동안 누워있지 못하겠습니다."

"장자여, 당신은 다른 쪽 옆구리로 7개월 동안 누워있을 수 있다고 대답하지 않았나요?"

"선생님! 대답한 것은 사실입니다. 그렇지만 나는 죽을 것 같습니다. 나는 도저히 다른 쪽 옆구리로 7개월 동안 누워있지 못하겠습니다."

"장자여, 그렇다면 당신은 반듯이 누운 채로 7개월 동안 누워있으시오!"

7일이 지나자 부호 장자가 지와까 꼬마라밧짜에게 말했습니다.

"선생님! 나는 반듯이 누운 채로 7개월 동안 누워있지 못하겠습니다."

"장자여, 당신은 반듯이 누운 채로 7개월 동안 누워있을 수 있다고 대답하지 않았나요?"

"선생님! 대답한 것은 사실입니다. 그렇지만 나는 죽을 것 같습니다. 나는 도저히 반듯이 누운 채로 7개월 동안 누워있지 못하겠습니다.”

9.20. “장자여, 내가 만약에 그렇게 말하지 않았다면, 당신은 누워있지 않고 포기했을 것입니다. 사실 나는 21일이 지나면 부호 장자가 회복하게 된다는 것을 알고 있었습니다. 장자여, 일어나시오. 당신은 완치되었습니다. 나에게 대가로 무엇을 주기로 했는지 아시나요?”

“선생님! 나의 모든 재산은 당신 것이 될 것이고, 나는 당신의 하인이 될 것입니다.”

“장자여, 그만두십시오! 당신의 모든 재산을 나에게 주지 않아도 되고, 나의 하인이 되지 않아도 됩니다. 왕에게 10,000까하빠나를 주고, 나에게 10,000까하빠나를 주십시오.”

부호 장자는 병이 낫자, 왕에게 10,000까하빠나를 주었고, 지와까 꼬마라밧짜에게 10,000까하빠나를 주었습니다.

9.21. 그때 바라나시에 사는 부호의 아들이 재주넘기를 심하게 하다가 장이 꼬였습니다. 그래서 죽을 마셔도 소화가 되지 않고, 음식을 먹어도 소화가 되지 않고, 대소변도 보지 못했습니다. 그는 몸이 여위고 누렇게 떠서, 비참하고 비쩍 마른 흉한 몰골이 되었습니다. 바라나시에 사는 부호는 ‘내 아들의 병은 어떤 것이기에 죽을 마셔도 소화가 되지 않고, 음식을 먹어도 소화가 되지 않고, 대소변도 보지 못하고, 몸이 여위고 누렇게 떠서 비참하고 비쩍 마른 흉한 몰골이 되었을까? 나는 라자가하에 가서 왕에게 지와까가 내 아들을 치료하도록 해달라고 청원해야겠다’라고 생각했습니다.

바라나시에 사는 부호는 마가다의 왕 세니야 빔비사라를 찾아가서 지와까가 아들을 치료하도록 해달라고 청원했습니다.

9.22. 마가다의 왕 세니야 빔비사라는 지와까 꼬마라밧짜에게 명했습니다.

"지와까여, 너는 바라나시에 가서 바라나시에 사는 부호의 아들을 치료하여라!"

"왕이시여! 그렇게 하겠습니다."

지와까 꼬마라밧짜는 빔비사라 왕에게 대답하고 바라나시에 가서 부호 장자를 찾아갔습니다. 지와까 꼬마라밧짜는 아들의 병세를 살펴보고 사람들을 물러가게 한 후에 장막을 둘러치고 그를 기둥에 묶었습니다. 지와까 꼬마라밧짜는 아들의 아내를 앞에 세우고 복부를 절개한 후 꼬인 창자를 꺼내서 그녀에게 보여주며 말했습니다.

"보십시오! 당신 남편의 환부(患部)입니다. 이것 때문에 죽을 마셔도 소화가 되지 않고, 음식을 먹어도 소화가 되지 않고, 대소변도 보지 못했던 것입니다. 그래서 그는 몸이 여위고 누렇게 떠서, 비참하고 비쩍 마른 흉한 몰골이 되었던 것입니다."

그는 꼬인 창자를 풀어서 다시 집어넣고, 복부를 봉합한 후에 고약을 발랐습니다. 바라나시에 사는 부호의 아들은 오래지 않아 병이 나았습니다. 바라나시에 사는 부호는 '내 아들의 병이 나았다'고 지와까 꼬마라밧짜에게 16,000까하빠나를 주었습니다. 지와까 꼬마라밧짜는 그 16,000까하빠나를 가지고 다시 라자가하로 돌아왔습니다.

9.23. 그때 빠조따(Pajjota)왕이 황달에 걸렸습니다. 수많은 천하의 명의들이 왔지만, 병을 고치지 못하고 많은 황금만 가져갔습니다. 빠조따왕은 마가다의 왕 세니야 빔비사라에게 사신을 보내 청원했습니다.

"저에게 이러한 병이 있습니다. 왕이시여! 부디 의사 지와까에게 명하여 저를 치료하도록 해 주십시오."

마가다의 왕 세니야 빔비사라는 지와까 꼬마라밧짜에게 명했습니다.

"지와까여, 너는 우제니(Ujjenī)에[44] 가서 빠조따왕을 치료하여라."

"왕이시여! 그렇게 하겠습니다."

지와까 꼬마라밧짜는 빔비사라 왕에게 승낙한 후에 우제니에 가서 빠조따왕을 찾아갔습니다. 그는 빠조따왕의 병세를 살펴본 후에 말했습니다.

9.24. "왕이시여! 제가 버터를 끓이겠습니다. 왕께서는 그것을 마시도록 하십시오."

"지와까여, 그만두어라. 버터를 사용하지 않고 치료할 수 있으면, 그렇게 하라. 버터는 나에게 맞지 않아서 싫다."

지와까 꼬마라밧짜는 '이 왕의 병은 버터를 사용하지 않고는 치료할 수가 없다. 나는 까사와(Kasāva)[45] 색깔이 나고, 까사와 냄새가 나고, 까사와 맛이 나도록 버터를 끓여야겠다'라 생각하고, 여러 약재를 넣어 까사와 색깔이 나고, 까사와 냄새가 나고, 까사와 맛이 나도록 버터를 끓였습니다.

지와까 꼬마라밧짜는 '이 왕이 버터기름을 마시면 구토할 것이다. 그러면 포악한 이 왕은 나를 죽일 것이다. 나는 미리 허가를 받아야겠다'라고 생각하고, 빠조따왕을 찾아가서 말했습니다.

9.25. "왕이시여! 우리 의사들은 수시로 뿌리를 캐서 약재를 수집해

---

44 아완띠(Avantī)의 수도.

45 끓이면 황색이 되는 수렴제(收斂劑)로 쓰는 풀.

야 합니다. 부디 마방(馬房)과 성문에 '지와까가 원하는 수레로 갈 수 있도록 하고, 원하는 성문으로 나갈 수 있도록 하고, 원하는 시간에 나갈 수 있도록 하고, 원하는 시간에 들어올 수 있도록 하라!'라고 명해 주십시오."

빠조따왕은 마방과 성문에 '지와까가 원하는 수레로 갈 수 있도록 하고, 원하는 성문으로 나갈 수 있도록 하고, 원하는 시간에 나갈 수 있도록 하고, 원하는 시간에 들어올 수 있도록 하라!'라고 명했습니다.

그때 빠조따왕에게 하루에 50요자나를 가는 밧다와띠까(Bhaddavatikā)라는 암코끼리가 있었습니다. 지와까 꼬마라밧짜는 빠조따왕에게 버터기름을 주면서 "왕이시여! 까사와를 드십시오"라고 말했습니다.

지와까 꼬마라밧짜는 빠조따왕에게 버터기름을 먹인 후에 코끼리 외양간에 가서 암코끼리 밧다와띠까를 타고 성에서 탈출했습니다.

9.26. 빠조따왕은 그 버터기름을 마시고 구토했습니다. 빠조따왕은 사람들에게 말했습니다.

"사악한 지와까가 나에게 버터기름을 먹였다. 그러니 너희들은 의사 지와까를 찾아오너라!"

"왕이시여! 그는 암코끼리 밧다와띠까를 타고 성에서 탈출했습니다."

그때 빠조따왕에게 하루에 60요자나를 가는 까까(Kāka)라는 비인(非人) 출신의 하인이[46] 있었습니다. 빠조따왕은 하인 까까에게 명했습

46 'amanussena paṭicca jāto'의 번역. 'amanussa'는 야차(夜叉) 같은 인간이 아닌 존재를 의미한다. 여기에서는 인간 취급을 받지 못하는 천민을 의미하는 것 같다.

니다.

"까까여, 너는 가서 의사 지와까에게 '선생님, 돌아가십시오! 대왕께서 돌아오라고 하셨습니다'라고 말하여라. 까까여, 의사들은 속임수가 많으니 그에게 어떤 것도 받아서는 안 된다."

9.27. 하인 까까는 도중에 꼬삼비(Kosambī)에서 아침 식사를 하는 지와까 꼬마라밧짜를 붙잡았습니다. 하인 까까가 지와까 꼬마라밧짜에게 말했습니다.

"선생님! 대왕께서 돌아오라고 하셨습니다."

"까까여, 이리 오라! 우리 식사나 하자. 자! 까까여, 우선 식사나 하자!"

"선생님, 그만두십시오! 대왕께서 저에게 '의사들은 속임수가 많으니 어떤 것도 받아서는 안 된다'라고 명하셨습니다."

그때 지와까 꼬마라밧짜는 손톱에 약을 바르고, 아말라까(āmalaka)를 먹고 음료를 마셨습니다. 그러면서 지와까 꼬마라밧짜가 하인 까까에게 말했습니다.

"자! 까까여, 아말라까를 먹고, 음료를 마셔라!"

9.28. 하인 까까는 '이 의사가 아말라까를 먹고 음료를 마셔도 아무 해가 생기지 않는다'라고 생각하고, 아말라까 절반쯤을 먹고 음료를 마셨습니다. 그는 절반쯤 먹은 아말라까를 곧바로 토해냈습니다. 하인 까까는 지와까 꼬마라밧짜에게 말했습니다.

"선생님! 제 목숨은 온전하겠습니까?"

"까까여, 두려워하지 마라! 너는 곧 좋아질 것이다. 왕은 포악하다. 그 왕은 나를 죽일 것이다. 그러므로 나는 돌아가지 않겠다."

그는 암코끼리 밧다와띠까를 까까에게 건네주고 라자가하로 길을 떠났습니다. 그는 여행을 계속하여 라자가하에 도착하자 곧바로 마가다의 왕 세니야 빔비사라를 찾아가서 이 일을 알렸습니다.

"지와까여, 돌아가지 않기를 잘했다. 그 왕은 포악하여 너를 죽였을 것이다."

9.29. 빠조따왕은 병이 낫자, 지와까 꼬마라밧짜 앞으로 사신을 보냈습니다. 사신은 "지와까여, 오라! 보답을 하고 싶다"라는 빠조따왕의 말을 전했습니다. 그러자 지와까 꼬마라밧짜는 "괜찮습니다. 왕께서 제 공덕을 기억해 주시면 됩니다"라고 말했습니다.

그때 빠조따왕에게 시웨야까(Siveyyaka) 천으로 만든 옷이 한 벌 생겼습니다. 그 옷은 많은 옷 가운데 으뜸이며, 최고이며, 가장 뛰어나며, 최상이며, 가장 귀한 옷이었습니다. 빠조따왕은 지와까 꼬마라밧짜에게 그 옷을 보냈습니다.

지와까 꼬마라밧짜는 '빠조따왕이 나에게 보낸 시웨야까 천으로 만든 이 옷 한 벌은 많은 옷 가운데 으뜸이며, 최고이며, 가장 뛰어나며, 최상이며, 가장 귀한 옷이다. 이 옷은 아라한이며 등정각이신 세존이나 마가다의 왕 세니야 빔비사라 이외에 다른 어떤 사람도 입을 자격이 없다'라고 생각했습니다.

9.30. 그때 세존의 몸에 병세가 있었습니다. 세존께서는 아난다 존자를 시켜 지와까 꼬마라밧짜를 불렀습니다. 지와까 꼬마라밧짜는 정성껏 세존을 치료하였습니다. 머지않아 세존께서는 건강을 회복하셨습니다.

9.31. 지와까 꼬마라밧짜는 시웨야까 천으로 만든 한 벌의 옷을 가지

고 세존을 찾아가서 세존께 예배한 후에 한쪽에 앉아 말씀드렸습니다.

"세존이시여, 세존께 한 가지 소원을 간청하고자 합니다."

"지와까여, 모든 여래는 소원을 초월했다오."

"세존이시여, 허락하셔도 허물이 없는 것입니다."

"지와까여, 말해보시오!"

"세존이시여, 세존과 비구상가는 분소의를 입습니다. 세존이시여, 이것은 빠조따왕이 저에게 보낸 시웨야까 천으로 만든 한 벌의 옷입니다. 이 옷은 많은 옷 가운데 으뜸이며, 최고이며, 가장 뛰어나며, 최상이며, 가장 귀한 옷입니다. 세존이시여, 세존께서는 저의 시웨야까 천으로 만든 한 벌의 옷을 받아주시고, 비구상가에게 재가자가 올리는 옷을 허락해 주십시오!"

세존께서는 시웨야까 천으로 만든 한 벌의 옷을 받으셨습니다. 세존께서는 법을 설하여 지와까 꼬마라밧짜를 가르치고 격려하고 칭찬하고 기쁘게 하셨습니다. 세존의 가르침을 받은 지와까 꼬마라밧짜는 세존께 예배하고 오른쪽으로 돈 후에 떠났습니다.

9.32. 세존께서는 이 인연과 이 일에 대하여 설명하신 후에 비구들에게 말씀하셨습니다.

"비구들이여, 나는 재가자가 올리는 옷을 허락합니다. 분소의를 원하는 사람은 분소의를 입고, 재가자가 올리는 옷을 원하는 사람은 그것을 받아서 사용하시오! 비구들이여, 어떤 것으로든 만족하면, 나는 그것을 찬탄한다오."

라자가하에 사는 사람들은 세존께서 비구들에게 재가자가 올리는 옷을 허락하셨다는 말을 들었습니다. 그 사람들은 환희용약(歡喜踊

躍)하며 말했습니다.

"세존께서 비구들에게 재가자가 올리는 옷을 허락하셨으니, 이제 우리는 보시하여 공덕을 짓도록 하자!"

라자가하에서는 하루에 수천 벌의 법의(法衣)가 만들어졌습니다.

그 나라에 사는 사람들도 세존께서 비구들에게 재가자가 올리는 옷을 허락하셨다는 말을 들었습니다. 그 사람들도 환희용약하면서 말했습니다.

"세존께서 비구들에게 재가자가 올리는 옷을 허락하셨으니, 이제 우리는 보시하여 공덕을 짓도록 하자!"

그 나라에서도 하루에 수천 벌의 법의가 만들어졌습니다.

제
10
장

정사(精舍)의 건립

【 해제 】

붓다가 처음 라자가하에 머물 때, 비구들은 일정한 거처가 없이 숲이나 동굴이나 노천에서 지냈다. 그 모습을 보고 라자가하의 부호(富豪)가 비구들을 위해 방사(房舍)가 있는 정사(精舍)를 지어주겠다고 나섰다. 이 인연으로 붓다가 비구들에게 정사의 방사에 머물 수 있다고 허락하였고, 이로써 비로소 정사가 건립되었다. 이 일은 당시 새롭게 발흥한 바이샤 계급의 상인들이 붓다에게 귀의하여 붓다의 재정적 후원자가 되었음을 보여준다.

이 부호에게 매부가 있었는데, 그는 우리에게 급고독장자(給孤獨長者)로 알려진 아나타삔디까(Anāthapiṇḍika)다. 사왓티(Sāvatthī)의 거부 아나타삔디까는 사업차 라자가하에 와서 부호의 집에 머물게 되었는데, 그때 부호의 집에서 붓다를 초대했다는 말을 듣게 된다. 바른 진리를 깨달은 붓다가 세상에 출현했다는 소식을 들은 아나타삔디까는 다음날 붓다를 뵈러 가리라고 생각하면서 잠자리에 들었다. 그러나 붓다를 뵙고 싶은 마음에 여러 차례 잠에서 깨어나다가 꼭두새벽에 붓다가 머무는 시따와나(Sītavana)로 갔다. 시따와나는 죽은 사람의 시체를 버리는 숲[尸茶林]이다. 붓다는 그곳에서 밤을 보내고 어두운 새벽녘에 일어나 노천에서 경행(經行)하고 있었다. 붓다는 멀리서 아나타삔디까 장자가 오는 것을 보고 경행을 멈추고 마련된 자리에 앉아 그를 맞이했다.

아나타삔디까는 처음 만난 붓다에게 이렇게 말했다.

"세존이시여, 세존께서는 편히 주무셨습니까?"

이 말은 단순한 인사말이 아니다. '이 무서운 숲속에서 붓다는 어떻게 밤을 보냈을까? 이런 곳에서 편히 잠을 잘 수 있었을까?' 시체가 나뒹구는 숲속에 들어오면서 온갖 공포를 느꼈던 아나타삔디까는 이런 생각을 하지 않을 수 없었을 것이다.

이와 같은 아나타삔디까의 생각을 알았기 때문에 붓다는 다음과 같이 응답한다.

감각적 욕망에 물들지 않고, 청량하고 집착이 없는,
열반을 성취한 바라문은 언제나 편히 잔다오.
모든 집착을 끊어 마음에서 근심을 없애고,
마음의 평화를 얻어 고요하게 언제나 편히 잔다오.

이 말씀을 듣고 아나타삔디까는 붓다에게 귀의한다. 그는 붓다를 사왓티로 모시기 위해 사왓티로 돌아가서 전 재산을 바쳐 그곳에 기원정사(祇園精舍)로 알려진 제따와나 아나타삔디까(Jetavana Anāthapiṇḍika) 승원을 건립한다. 이로써 라자가하의 웰루와나(Veḷuvana)에 이어서 당시 인도의 가장 큰 도시 가운데 하나인 사왓티에도 붓다의 가르침을 펼 수 있는 근거가 마련된다.

정사(精舍) 건립의 인연

10.1. 붓다 세존께서 라자가하의 웰루와나 깔란다까니와빠에 머무실 때 세존께서는 비구들에게 거처(居處)를 마련해주지 않았습니다. 비구들은 그때그때 숲에서, 나무 아래에서, 언덕에서, 동굴에서, 산굴에서, 묘지에서, 산림에서, 노천에서, 짚더미에서 지냈습니다. 그들은 아침이 되면 숲에서, 나무 아래에서, 언덕에서, 동굴에서, 산굴에서, 묘지에서, 산림에서, 노천에서, 짚더미에서, 여기저기에서 위의(威儀)를 갖추어 평온하게 나아가고 물러서고, 올려보고 내려보고, 몸을 구부리고 펴고, 눈을 내리뜨고 나왔습니다.

10.2. 그때 라자가하의 부호가 아침에 원림에 가서 그 모습을 보고 마음에 청정한 믿음이 생겼습니다. 그는 비구들에게 가서 말했습니다.

"존자들이여, 만약에 제가 정사(精舍)를 세우면, 그 정사에서 지내시겠습니까?"

"장자여, 세존께서는 방사(房舍)를 허락하지 않으셨습니다."

"존자들이여, 그렇다면 세존께 여쭈어본 후에 저에게 알려주십시오!"

"장자여, 그렇게 하겠습니다."

그 비구들은 그 부호에게 승낙한 후에 세존을 찾아가서 예배하고 한쪽에 앉아 말씀드렸습니다.

"세존이시여, 라자가하의 부호가 정사를 세우겠다고 합니다. 세존이시여, 어떻게 응답해야 할까요?"

세존께서는 이 인연과 이 일에 대하여 설명하신 후에 비구들에게 말씀하셨습니다.

"비구들이여, 나는 정실(靜室), 누각(樓閣), 중각(重閣), 정자(亭子), 석굴(石窟) 등 다섯 가지 정사(精舍)를 허락합니다."

10.3. 그 비구들은 라자가하의 부호에게 가서 말했습니다.

"세존께서 정사를 허락하셨습니다. 이제 때가 되었습니다."

그 부호는 하루 만에 60개의 정사를 세운 후 세존을 찾아가서 예배하고 한쪽에 앉아 세존께 말씀드렸습니다.

"세존이시여, 세존께서는 내일 비구상가와 함께 저의 공양을 받아 주시옵소서!"

세존께서는 침묵으로 승낙하셨습니다. 라자가하의 부호는 세존께서 승낙하신 것을 알고, 자리에서 일어나 세존께 예배한 후에 오른쪽으로 세 번 돌고 떠났습니다.

10.4. 라자가하의 부호는 그날 밤새 단단하고 부드러운 갖가지 훌륭한 음식을 마련한 후에 세존께 알렸습니다.

"세존이시여, 공양이 준비되었습니다."

세존께서는 오전에 옷을 입고, 발우와 법의를 들고, 비구상가와 함께 그 부호의 집으로 가서 마련된 자리에 앉으셨습니다. 그 부호는 부처님을 위시한 비구상가를 단단하고 부드러운 갖가지 훌륭한 음식으로 손수 시중을 들며 만족하게 했습니다. 그 부호는 세존께서 공양을 마치고 발우에서 손을 떼자 아래에 있는 다른 자리로 가서 한쪽에 앉았습니다.

그 부호는 한쪽에 앉아 세존께 이렇게 말씀드렸습니다.

"세존이시여, 저의 이 60개의 정사는 공덕을 지어 행복하게 살고 싶어서[47] 세운 것입니다. 세존이시여, 이 정사들을 제가 어떻게 하면 좋을까요?"

"장자여, 이 60개의 정사를 현재와 미래의 사방(四方) 상가에 봉헌(奉獻)하십시오!"

"세존이시여, 그렇게 하겠습니다."

그 부호는 세존께 대답하고 그 60개의 정사를 현재와 미래의 사방 상가에 봉헌했습니다.

세존께서는 라자가하의 부호를 기쁘게 하신 후에 자리에서 일어나 그곳을 떠났습니다.

아나타삔디까

10.5. 라자가하의 어느 부호에게는 매부(妹夫)인 아나타삔디까(Anāthapiṇḍika) 장자가 있었습니다. 아나타삔디까는 용무가 있어서 라자가하에 왔습니다. 라자가하의 부호는 붓다를 위시한 상가를 다음 날 초대한 상태였습니다. 그 부호는 공양 준비를 위해 하인과 일꾼들에게 명했습니다.

"너희들은 아침 일찍 일어나서 유미죽을 끓이고, 밥을 짓고, 진수성찬을 마련하여라."

아나타삔디까는 이렇게 생각했습니다.

---

47 'puññatthikena saggatthikena'의 번역.

'이전에는 내가 오면 만사를 제쳐놓고 나와 함께 정중하게 인사를 나누었다. 그런데 지금 수선스럽게 하인과 일꾼들에게 진수성찬을 마련하라고 명하고 있다. 내일 아들을 장가보내거나, 딸을 시집보내거나, 큰 제사를 지내거나, 마가다의 왕 세니야 빔비사라를 군대와 함께 초대한 것이 아닐까?'

10.6. 라자가하의 부호는 하인과 일꾼들에게 명한 후에 아나타삔디까 장자에게 가서 함께 정중하게 인사를 나누고 한쪽에 앉았습니다. 한쪽에 앉은 부호에게 아나타삔디까 장자가 말했습니다.

"장자여, 이전에는 내가 오면 만사를 제쳐놓고 나와 함께 정중하게 인사를 나누었습니다. 그런데 오늘은 수선스럽게 하인과 일꾼들에게 진수성찬을 마련하라고 명했습니다. 혹시 내일 아들을 장가보내거나, 딸을 시집보내거나, 큰 제사를 지내거나, 마가다의 왕 세니야 빔비사라를 군대와 함께 초대한 것이 아닌가요?"

"아닙니다. 그런 것이 아니라, 나는 내일 붓다를 비구상가와 함께 초대했습니다."

"장자여, '붓다'라고 말했습니까?"

"장자여, 나는 '붓다'라고 말했습니다."

"장자여, '붓다'라고 말했다고요?"

"장자여, 그렇습니다. 나는 '붓다'라고 말했습니다."

"장자여, 분명히 '붓다'라고 말했다는 것이지요?"

"장자여, 나는 분명히 '붓다'라고 말했습니다."

"장자여, 세간에서 얻기 어려운 '붓다'라는 명성을 얻은 바로 그 붓다라는 말이지요? 장자여, 내가 지금 그 아라한이시며, 바른 깨달음을 이루신 세존을 뵈러 갈 수 있을까요?"

"장자여, 지금은 아라한이시며, 바른 깨달음을 이루신 세존을 뵈러 갈 때가 아닙니다. 당신은 내일 적당한 때에 그 세존을 뵈러 가도록 하십시오!"

아나타삔디까 장자는 '나는 내일 적당한 때에 그 아라한이시며, 바른 깨달음을 이루신 세존을 뵈러 가야겠다'라고 붓다에 대해 생각하면서 잠자리에 들었지만, 밤중에 세 번이나 새벽이 된 줄 알고 일어났습니다.

10.7. 아나타삔디까 장자가 시따와나(Sītavana, 尸荼林)[48] 출입문에 다가가자, 비인(非人)들이 문을 열었습니다. 성을 벗어나자 아나타삔디까 장자에게 빛이 사라지고 어둠이 나타났습니다. 그는 온몸의 털이 곤두서는 두려움을 느끼고 다시 돌아가려고 했습니다. 그러자 시와까(Sīvaka) 야차가 모습을 숨기고 소리를 냈습니다.

> 100마리의 코끼리, 100마리의 말,
> 노새가 끄는 100대의 수레,
> 마니보로 장식한 100명의 소녀들,
> 이 모든 것이 그대가 내딛는 한 발짝의
> 16분의 1에도 미치지 못한다네.
> 나아가라. 장자여!

---

48 'Sītavana'는 라자가하의 북쪽 성문 밖에 있는 숲으로서, 라자가하의 공동묘지다. 한역에서는 이를 '시다림(尸荼林, 尸陀林)'으로 번역한다. 불교에서 죽은 사람을 위해 설법하고 염불하는 것을 의미하는 '시다림'은 여기에서 유래한 말이다.

나아가라. 장자여!

나아가면 좋을 것이다.

물러서지 마라!

그러자 아나타삔디까 장자에게 어둠이 사라지고 빛이 나타났으며, 온 몸의 털이 곤두서는 두려움이 사라졌습니다. 아나타삔디까 장자가 다시 두려움을 느끼고 돌아가려고 하자, 시와까 야차가 모습을 숨기고 "물러서지 마라!"고 외쳤습니다. 이렇게 아나타삔디까 장자는 세 번을 돌아가려고 했고, 그때마다 시와까 야차가 모습을 숨기고 "물러서지 마라!"고 소리쳤습니다.

10.8. 아나타삔디까 장자는 시따와나로 갔습니다. 그때 세존께서는 어두운 새벽녘에 일어나 노천에서 경행(經行)을 하셨습니다. 세존께서는 멀리서 아나타삔디까 장자가 오는 것을 보고 경행을 멈추고 마련된 자리에 앉으셨습니다. 세존께서 자리에 앉아 아나타삔디까 장자에게 말씀하셨습니다.

"어서 오시오! 수닷따(Sudattā)[49]여!"

아나타삔디까 장자는 '세존께서 이름으로 나를 불러주셨다'라고 환희용약하면서 세존께 다가가서 두 발에 머리 조아려 예배한 후에 세존께 말씀드렸습니다.

"세존이시여, 세존께서는 편히 주무셨습니까?"

그러자 세존께서 게송으로 답하셨습니다.

---

49 수닷따(Sudattā)는 '보시를 잘하는 사람'이란 의미로서, 아나타삔디까 장자가 보시를 잘 했기 때문에 그에게 붙여진 이름이다.

감각적 욕망에 물들지 않고, 청량하고 집착이 없는
열반을 성취한 바라문은 언제나 편히 잔다오.
모든 집착을 끊어 마음에서 근심을 없애고
마음의 평화를 얻어 고요하게 언제나 편히 잔다오.

10.9. 세존께서는 아나타삔디까 장자에게 순차적으로 설법[次第說法]을 하셨습니다. 보시(布施)를 말씀하시고, 지계(持戒)를 말씀하시고, 천상(天上)을 말씀하시고, 위험하고 천박하고 더러운 감각적 욕망과 감각적 욕망에서 벗어나 얻게 되는 이익을 차례차례 설명하셨습니다. 세존께서는 아나타삔디까 장자가 유연하고 편견 없이 기쁘고 청정한 마음으로 가르침을 받아들일 수 있는 적절한 마음이 된 것을 아시고, 모든 붓다의 요결법문인 괴로움[苦], 쌓임[集], 소멸[滅], 길[道]을 설명하셨습니다.

마치 오염이 안 된 깨끗한 옷이 염료를 완전히 받아들이듯이, 그 자리에서 아나타삔디까 장자에게 '쌓인 법[集法]은 어떤 것이든 모두 소멸하는 법[滅法]이다'라는 청정무구한 법안(法眼)이 생겼습니다. 법을 보고 법을 성취하고 법을 알고 법을 깊이 이해하여, 의심에서 벗어나고 의혹이 사라지고 두려움이 사라지고 스승의 가르침에 대하여 남에게 의지하지 않게 된 아나타삔디까 장자는 세존께 이렇게 말씀드렸습니다.

"훌륭합니다. 세존이시여! 훌륭합니다. 세존이시여! 세존이시여, 마치 뒤집힌 것을 바로 세우는 것 같고, 감추어진 것을 드러내는 것 같고, 길 잃은 자에게 길을 알려주는 것 같고, '눈 있는 자들은 보라!'라고 어둠 속에서 등불을 비춰주는 것 같습니다. 이렇게 세존께서는 여러 가지 방법으로 진리를 알려주셨습니다. 세존이시여, 그래서 저는 세존께 귀의합니다. 가르침과 비구상가에 귀의합니다. 세존이시여, 저를 청신사로 받아주소서. 지금부터 살아있는 날까지 귀의하겠나이다. 세존이시여, 세존께서는 비구상가와 함께 내일 저의 공양을 받아주십시오!"

세존께서는 침묵으로 승낙하셨습니다. 아나타삔디까 장자는 세존께서 승낙하신 것을 알고, 자리에서 일어나 세존께 예배한 후에 오른쪽으로 세 번 돌고 떠났습니다.

10.10. 라자가하의 부호는 아나타삔디까 장자가 붓다를 위시하여 비구상가를 초대했다는 말을 듣고 아나타삔디까 장자에게 말했습니다.

"장자여, 당신이 내일 붓다를 위시하여 비구상가를 초대했다고 하는데, 당신은 손님입니다. 내가 비용을 드릴 테니, 그것으로 내일 붓다를 위시하여 비구상가에게 공양을 만들어 올리십시오!"

"장자여, 괜찮습니다. 비용은 나에게 있습니다. 나는 그것으로 내일 붓다를 위시하여 비구상가에게 공양을 만들어 올리겠습니다."

라자가하의 주민이 아나타삔디까 장자가 붓다를 위시하여 비구상가를 초대했다는 말을 듣고 아나타삔디까 장자에게 말했습니다.

"장자여, 당신이 내일 붓다를 위시하여 비구상가를 초대했다고 하는데, 당신은 손님입니다. 내가 당신에게 비용을 드릴 테니, 그것으로 내일 붓다를 위시하여 비구상가에게 공양을 만들어 올리십시오!"

"존자여,[50] 괜찮습니다. 비용은 나에게 있습니다. 나는 그것으로

---

50 'ayyo'의 번역. 'ayya'는 고귀한 사람의 의미로서 주로 하인이 주인을 부를 때 쓰는 말인데, 여기에서는 좋은 뜻을 가진 훌륭한 사람의 의미로 사용되고 있다.

내일 붓다를 위시하여 비구상가에게 공양을 만들어 올리겠습니다."

마가다의 왕 세니야 빔비사라가 아나타삔디까 장자가 붓다를 위시하여 비구상가를 초대했다는 말을 듣고 아나타삔디까 장자에게 말했습니다.

"장자여, 당신이 내일 붓다를 위시하여 비구상가를 초대했다고 하는데, 당신은 손님입니다. 내가 당신에게 비용을 드릴 테니, 그것으로 내일 붓다를 위시하여 비구상가에게 공양을 만들어 올리십시오!"

"왕이시여! 비용은 저에게도 있습니다. 저는 그것으로 내일 붓다를 위시하여 비구상가에게 공양을 만들어 올리겠습니다."

10.11. 아나타삔디까 장자는 그날 밤새 라자가하의 부호의 집에서 단단하고 부드러운 갖가지 훌륭한 음식을 마련한 후에 세존께 알렸습니다.

"세존이시여, 공양이 준비되었습니다."

세존께서는 오전에 옷을 입고, 발우와 법의를 들고, 비구상가와 함께 라자가하의 부호의 집으로 가서 마련된 자리에 앉으셨습니다. 아나타삔디까 장자는 부처님을 위시한 비구상가를 단단하고 부드러운 갖가지 훌륭한 음식으로 손수 시중을 들며 만족하게 했습니다. 아나타삔디까 장자는 세존께서 공양을 마치고 발우에서 손을 떼자 아래에 있는 다른 자리로 가서 한쪽에 앉았습니다.

아나타삔디까 장자는 한쪽에 앉아 세존께 이렇게 말씀드렸습니다.

"세존이시여, 세존께서 사왓티(Sāvatthī)에서 비구상가와 함께 우안거에 드시기를 청하옵니다."

"장자여, 모든 여래는 한적한 곳을 즐긴답니다."

"알았습니다. 세존님! 알았습니다. 선서(善逝)님!"

세존께서는 법을 설하여 아나타삔디까 장자를 가르치고 격려하고 칭찬하고 기쁘게 하신 후에 자리에서 일어나 떠나셨습니다.

10.12. 그때 아나타삔디까 장자는 많은 친구, 동료들의 환대를 받았습니다. 아나타삔디까 장자는 라자가하에서 용무를 마치고 사왓티로 길을 떠났습니다. 아나타삔디까 장자는 도중에 사람들에게 권유했습니다.

"존자여, 가람(伽藍)을 만드시오! 정사(精舍)를 세우시오! 보시를 베푸시오! 붓다께서 세간에 출현하셨소. 그분 세존께서 나의 초청을 받아 이 길로 오실 것이오."

그 사람들은 아나타삔디까 장자의 권유를 받아 가람을 만들고, 정사를 세우고, 보시를 베풀었습니다.

아나타삔디까 장자는 사왓티로 가서 '세존께서 어디에 머무시는 것이 좋을까? 그곳은 마을에서 멀지도 않고, 너무 가깝지도 않고, 왕래하기 좋아서 원하는 사람들이 접근하기 좋으면서도, 낮에는 붐비지 않고, 밤에는 조용하고 소란스럽지 않고, 사람들로부터 격리되어 인적이 없어서 한적하게 지내기 좋은 곳이어야 할 텐데'라고 생각하면서 사왓티의 모든 곳을 둘러보았습니다.

10.13. 아나타삔디까 장자는 제따(Jeta) 왕자의 원림(園林)이 마을에서 멀지도 않고, 너무 가깝지도 않고, 왕래하기 좋아서 원하는 사람들이 접근하기 좋으면서도, 낮에는 붐비지 않고, 밤에는 조용하고 소란스럽지 않고, 사람들로부터 격리되어 인적이 없어서 한적하게 지내기 좋다는 것을 알았습니다. 아나타삔디까 장자는 제따 왕자를 찾아가서 그

에게 말했습니다.

"왕자님! 가람을 만들려고 합니다. 저에게 원림을 파십시오!"

"장자여, 원림을 팔 수 없습니다. 빈틈없이 금을 깐다면 모를까."

"왕자님! 원림은 팔렸습니다."

"장자여, 원림은 팔린 것이 아니오."

그들은 '팔린 것인지, 팔린 것이 아닌지'를 판관(判官) 대신에게 물었습니다.

대신은 "왕자여, 그대가 값을 매겼으므로 원림은 팔린 것입니다"라고 말했습니다.

아나타삔디까 장자는 수레로 황금을 꺼내와 제따와나(Jetavana)를 빈틈없이 깔도록 했습니다.

10.14. 한 번 꺼내 온 황금은 문간(門間) 주변의 작은 공터까지 깔기에는 충분하지 않았습니다. 아나타삔디까 장자는 사람들에게 명했습니다.

"여봐라! 너희들은 가서 황금을 가져오너라. 나는 이 공터를 마저 깔아야겠다."

제따 왕자는 '이 장자가 이 정도로 많은 황금을 쓴다면, 이것은 예삿일이 아닐 것이다'라고 생각하고 아나타삔디까 장자에게 말했습니다.

"장자여! 그만 됐습니다. 이 공터는 내가 깔도록 해주십시오! 이 공터를 나에게 주십시오! 이것은 내가 보시하게 해주십시오."

아나타삔디까 장자는 '이 제따 왕자는 널리 알려진 명망이 높은 사람이다. 이러한 큰 힘을 지닌 명망이 높은 사람이 이 가르침[法]과 율(律)에 청정한 신심을 보이는구나'라고 생각하고, 그 공터를 제따 왕자에게 주었습니다.

제따 왕자는 그 공터에 문을 세웠습니다. 아나타삔디까 장자는 제따와나에 정사(精舍)들을 건설하고, 승방(僧房)들을 만들고, 강당, 식당, 창고, 변소, 경행처(經行處), 경행당(經行堂), 우물, 욕실, 욕탕, 연못, 차양(遮陽)을 만들었습니다.

제따와나

10.15. 세존께서는 라자가하에서 적절하게 머무신 후에 사왓티로 길을 떠났습니다. 여행을 계속하여 마침내 사왓티에 도착하신 세존께서는 곧바로 사왓티의 제따와나 아나타삔디까 승원에 머무셨습니다. 그때 아나타삔디까 장자가 세존을 찾아와서 예배한 후에 한쪽에 앉아 세존께 말씀드렸습니다.

"세존이시여, 세존께서는 비구상가와 함께 내일 저의 공양을 받아 주십시오."

세존께서는 침묵으로 승낙하셨습니다. 아나타삔디까 장자는 세존께서 승낙하신 것을 알고, 자리에서 일어나 세존께 예배한 후에 오른쪽으로 세 번 돌고 떠났습니다.

아나타삔디까 장자는 그날 밤새 단단하고 부드러운 갖가지 훌륭한 음식을 마련한 후에 세존께 알렸습니다.

"세존이시여, 공양이 준비되었습니다."

세존께서는 오전에 옷을 입고, 발우와 법의를 들고, 비구상가와 함께 그 부호의 집으로 가서 마련된 자리에 앉으셨습니다. 그 부호는 부처님을 위시한 비구상가를 단단하고 부드러운 갖가지 훌륭한 음식으로 손수 시중을 들며 만족시켰습니다. 그 부호는 세존께서 공양을 마치고 발우에서 손을 떼자 아래에 있는 다른 자리로 가서 한쪽에 앉았습니다.

아나타삔디까 장자는 한쪽에 앉아 세존께 이렇게 말씀드렸습니다.

"세존이시여, 제따와나를 제가 어떻게 하면 좋을까요?"

"장자여, 제따와나를 현재와 미래의 사방(四方) 상가에 봉헌(奉獻)하십시오!"

"세존이시여, 그렇게 하겠습니다."

아나타삔디까 장자는 세존께 대답하고 제따와나를 현재와 미래의 사방 상가에 봉헌했습니다.

10.16. 세존께서는 아나타삔디까 장자를 게송으로 기쁘게 하셨습니다.

선정에 들어 사유하기 위해
안락한 수행처를 원하는 사람에게
추위를 막아주고 더위를 막아주고
맹수와 뱀과 모기를 막아주고
추운 계절에는 비를 막아주고
매섭게 일어난 열풍을 물리치는
정사(精舍)를 보시하는 것이
붓다가 찬탄하는 최상의 보시라네.

그러므로 자신의 이익을 바라는
현명한 사람은 즐겨 정사를 만들어서
배움 많은 사람들이 살도록 하고
그들에게 먹을 것과 마실 것과
입을 것과 잠자리를 제공해야 한다네.
그들은 마음으로 올바르게 사유하여
그에게 일체의 괴로움을 없애는 법을 설해주고
그는 그 법을 잘 이해하여 무루(無漏)의 열반에 들어간다네.

세존께서는 이 게송으로 아나타삔디까 장자를 기쁘게 하신 후에 자리에서 일어나 그곳을 떠났습니다.

제 11 장

상가[僧伽]의 분열

【해제】

이 장에서는 사끼야족 여섯 왕자 밧디야 사끼야라자, 아누룻다, 아난다(Ānanda), 바구(Bhagu), 낌빌로(Kimbila), 데와닷따(Devadatta)가 이발사 우빨리(Upāli)에게 옷과 장신구를 주고 붓다에게 출가한 이야기, 이발사 우빨리가 장신구를 버리고 왕자들과 함께 출가한 이야기, 데와닷따가 마가다의 아자따삿뚜(Ajātasattu) 왕자의 신망을 얻어 그와 함께 음모를 꾸미는 이야기, 그리고 데와닷따에 의해서 상가(saṅgha)가 분열된 이야기가 흥미진진하게 전개된다. 여기에서 우리의 눈길을 끄는 것은 상가 분열의 빌미가 된 데와닷따의 요청이다.

데와닷따는 붓다에게 '비구들은 철저하게 ① 평생을 숲에서 살아야 하며, 마을에 들어가서 살면 죄가 된다. ② 평생을 탁발하며 살아야 하며, 식사 초대를 받아들이면 죄가 된다. ③ 평생을 분소의(糞掃衣)를 입고 살아야 하며, 거사의 옷을 수용(受用)하면 죄가 된다. ④ 평생을 나무 아래에서 지내야 하며, 지붕 아래로 가면 죄가 된다. ⑤ 평생을 생선이나 고기를 먹어서는 안 되며, 생선이나 고기를 먹으면 죄가 된다'라는 다섯 항목을 계율로 규정하도록 요청한다. 언뜻 보면 철저한 청빈과 수행을 요청한 것처럼 보인다. 그런데 붓다는 이 요청을 받아들이지 않는다.

붓다는 데와닷따에게 다음과 같이 말한다.

"그만두어라! 데와닷따여, 원하는 사람은 숲에서 살아도 되고, 원하는 사람은 마을에서 살아도 된다. 원하는 사람은 탁발하며 살아도 되고, 원하는 사람은 식사 초대를 받아들여도 된다. 원하는 사람은 분소의를 입어도 되고, 원하는 사람은 거사의 옷을 수용해도 된다. 데와닷따여, 나는 (안거 기간이 아닌) 여덟 달 동안 나무 아래에 침소(寢所)를 두는 것과 (죽이는 것을) 보지 않고, (죽이는 소리를) 듣지 않고, (청정한 것인지) 의심이 가지 않는 세 가지 청정한 생선이나 고기는 허용한다."

데와닷따가 이런 요청을 한 것은 수행자의 청빈과 철저한 수행을 위함이 아니었다. 붓다를 죽일 음모를 벌이다가 세상 사람들로부터 스승을 헤치려고 했다는 지탄을 받게 되자, 데와닷따는 세상 사람들이 고행(苦行)에 신심을 일으킬 것으로 생각하여, 자신이 붓다를 떠나 새로운 교단을 세울 의도를 가지고 이런 요청을 한 것이다. 세상 사람들은 겉모습에 잘 속는다. 깊은 산속에서 누더기를 걸치고 육식(肉食)하지 않으면 훌륭한 수행자처럼 보인다. 그러나 붓다는 그런 수행을 권하지 않는다. 수행은 다른 사람에게 보이기 위해서 하는 것이 아니다. 숲에서 살든 마을에서 살든, 누더기를 걸치든 신도가 주는 옷을 입든, 채식하든 육식하든, 그것은 문제가 되지 않는다. 자신의 몸과 마음을 잘 살펴서 번뇌와 망상을 일으키지 않는 사람이 진정한 수행자다.

사끼야족 6인의 출가

11.1. 붓다 세존께서 말라(Malla)국의 마을 아누삐야(Anupiyā)에 계실 때, 매우 저명한 사끼야족 왕자들이 세존의 출가를 본받아서 출가했습니다. 그때 마하나마 삭까(Mahānāma Sakka)와 아누룻다 삭까(Anuruddha Sakka) 형제가 있었습니다. 연약한 아누룻다 삭까에게는 3개의 별장이 있었습니다. 하나는 겨울에 사용하는 것이고, 하나는 여름에 사용하는 것이며, 하나는 우기에 사용하는 것입니다. 그는 우기에 사용하는 별장에서 넉 달 동안 여인들과 유희를 즐기면서 집으로 돌아가지 않았습니다. 그때 마하나마 삭까에게 이런 생각이 들었습니다.

'지금 매우 저명한 사끼야족의 왕자들이 세존의 출가를 본받아서 출가한다. 그런데 우리 집안에서는 집을 버리고 출가한 사람이 아무도 없다. 내가 출가하거나, 아니면 아누룻다가 출가해야 하지 않을까?'

마하나마 삭까는 아누룻다 삭까를 찾아가서 말했습니다.

"아누룻다여, 지금 매우 저명한 사끼야족의 왕자들이 세존의 출가를 본받아서 출가한다. 그런데 우리 집안에서는 집을 버리고 출가한 사람이 아무도 없다. 그러므로 네가 출가하거나, 아니면 내가 출가해야 하지 않겠느냐?"

"저는 연약하여 집을 버리고 출가할 수 없습니다. 형님이 출가하십시오."

11.2. "아누룻다여, 이리 오너라! 너에게 가업(家業)을 가르쳐주마. 먼저 논을 갈아야 한다. 논을 간 다음에는 물을 대주어야 한다. 물을 대준 다음에는 물을 빼주어야 한다. 물을 뺀 다음에는 풀을 뽑아야 한다.

풀을 뽑은 다음에는 벼를 수확해야 한다. 벼를 수확한 다음에는 볏단을 만들어야 한다. 볏단을 만든 다음에는 타작해야 한다. 타작한 다음에는 지푸라기를 제거해야 한다. 지푸라기를 제거한 다음에는 겨를 제거해야 한다. 겨를 제거한 다음에는 체로 쳐야 한다. 체로 친 다음에는 저장해야 한다. 저장한 다음에는 이듬해에도 이렇게 해야 하고, 그 이듬해에도 이렇게 해야 한다."

"일이 끝이 없군요! 일이 언제 끝날지 알 수 없겠군요! 일은 언제 끝납니까? 일이 언제 끝날지 알 수 있습니까? 나는 언제 편안하게 5욕락(五欲樂)을 구족하여 즐길 수 있습니까?"

"아누룻다여, 일은 끝이 없다. 일의 끝을 알 수 없다. 조상들과 할아버지들도 끝없이 일하다가 돌아가셨다."

"그렇다면, 형님이 가업을 배우십시오! 저는 집을 버리고 출가하겠습니다."

아누룻다 삭까는 어머니를 찾아가서 말했습니다.

"어머님! 저는 집을 버리고 출가하고 싶습니다. 제가 집을 버리고 출가하도록 허락해 주십시오!"

이렇게 말하자, 아누룻다 삭까의 어머니가 말했습니다.

"아누룻다여, 너는 사랑스럽고, 만족스럽고, 아무리 봐도 싫지 않은 나의 아들이다. 너에게 집을 떠나 출가하는 것을 허락할 수 없다. 네가 죽는다면야 어쩔 수 없이 이별하게 되겠지만, 내가 어떻게 살아있는 너에게 집을 떠나 출가하는 것을 허락할 수 있겠느냐? 너의 형도 출가를 허락하지 않겠다"

아누룻다 삭까는 어머니에게 두 번, 세 번 거듭하여 허락을 구했지만, 어머니는 허락하지 않았습니다.

11.3. 당시 아누룻다 삭까의 친구인 밧디야 사끼야라자(Bhaddiya Sakyarāja)가 사끼야(Sakya)를 다스리고 있었습니다. 아누룻다 삭까의 어머니는 아들의 친구인 밧디야 사끼야라자는 사끼야를 다스려야 하기 때문에 집을 버리고 출가할 수 없으리라 생각하고, 아누룻다 삭까에게 이렇게 말했습니다.

"아누룻다여, 만약에 밧디야 사끼야라자가 집을 버리고 출가한다면, 너도 그렇게 집을 버리고 출가해도 좋다."

아누룻다 삭까는 밧디야 사끼야라자를 찾아가서 그에게 말했습니다.

"벗이여, 나의 출가는 그대에게 달려있네."

"벗이여, 그대의 출가가 나에게 달려있든 달려 있지 않든, 나는 그대와 함께할 테니 그대는 마음대로 출가하게."

"여보게, 벗이여! 둘이 함께 집을 버리고 출가하세."

"벗이여, 나는 집을 버리고 출가할 수가 없네. 그 밖에 그대를 위해서 내가 할 수 있는 일을 할 테니 그대는 출가하도록 하게."

"벗이여, 어머니가 나에게 '아누룻다여, 만약에 밧디야 사끼야라자가 집을 버리고 출가한다면, 너도 그렇게 집을 버리고 출가해도 좋다'라고 말씀하셨다네. 그리고 그대는 '벗이여, 그대의 출가가 나에게 달려있든 달려 있지 않든, 나는 그대와 함께할 테니, 그대는 마음대로 출가하게'라고 말했네. 여보게, 벗이여! 둘이 함께 집을 버리고 출가하세."

그들은 출가 의지는 일치했지만, 출가 시기는 의견이 엇갈렸습니다.

그래서 밧디야 사끼야라자는 아누룻다 삭까에게 이렇게 말했습니다.

“벗이여, 7년을 기다리게. 7년 후에 둘이 함께 집을 버리고 출가하세.”

“벗이여, 7년은 너무 기네. 나는 7년을 기다릴 수 없네.”

“벗이여, 6년, 5년, 4년, 3년, 2년 1년을 기다리게. 6년, 5년, 4년, 3년, 2년, 1년 후에 둘이 함께 집을 버리고 출가하세.”

“벗이여, 6년, 5년, 4년, 3년, 2년, 1년은 너무 기네. 나는 6년, 5년, 4년, 3년, 2년, 1년을 기다릴 수 없네.”

“벗이여, 7개월을 기다리게. 7개월 후에 둘이 함께 집을 버리고 출가하세.”

“벗이여, 7개월은 너무 기네. 나는 7개월을 기다릴 수 없네.”

“벗이여, 6개월, 5개월, 4개월, 3개월, 2개월, 1개월, 반달을 기다리게. 6개월, 5개월, 4개월, 3개월, 2개월, 1개월, 반달 후에 둘이 함께 집을 버리고 출가하세.”

“벗이여, 6개월, 5개월, 4개월, 3개월, 2개월, 1개월, 반달은 너무 기네. 나는 6개월, 5개월, 4개월, 3개월, 2개월, 1개월, 반달을 기다릴 수 없네.”

“벗이여, 7일을 기다리게. 나는 아들들과 형제들에게 왕위를 넘기겠네.”

“벗이여, 7일은 길지 않네. 나는 기다리겠네.”

11.4. 밧디야, 아누룻다, 아난다(Ānanda), 바구(Bhagu), 낌빌로(Kimbila), 데와닷따(Devadatta)는 일곱 번째 날에 이발사 우빨리(Upāli)를 데

리고, 예전에 자주 4군(四軍)을 거느리고[51] 원림으로 나갔듯이, 4군을 거느리고 나갔습니다. 그들은 멀리 가서 군대를 돌려보내고, 다른 장소로 들어가서 장신구(裝身具)를 상의(上衣)에 벗어놓고 보따리를 만든 후에 이발사 우빨리에게 말했습니다.

"우빨리여, 이제 돌아가거라! 이 정도면 네가 살아가는 데 충분할 것이다."

돌아가던 이발사 우빨리에게 이런 생각이 들었습니다.

'사끼야족은 사납다. '이 자 때문에 왕자들이 집을 나갔다'라며 나를 죽일 것이다. 이 사끼야족 왕자들은 집을 버리고 출가하는데, 나는 뭐란 말인가?"

그는 보따리를 나무에 매달아 놓고, "본 사람이 가져가시오"라고 말하고, 그 사끼야족 왕자들에게 갔습니다. 사끼야족 왕자들은 저만치서 이발사 우빨리가 오는 것을 보고 그에게 말했습니다.

"우빨리여, 너는 왜 돌아왔느냐?

"왕자님! 저는 돌아가다가, '사끼야족은 사납다. 이 자 때문에 왕자들이 집을 나갔다고 나를 죽일 것이다. 이 사끼야족 왕자들은 집을 버리고 출가하는데, 나는 뭐란 말인가?'라고 생각했습니다. 그래서 저는 보따리를 나무에 매달아 놓고, '본 사람이 가져가도록 하시오'라고 말하고 다시 돌아왔습니다."

"우빨리여, 돌아가지 않기를 잘했다. 사끼야족은 사납다. 너 때문에 왕자들이 집을 나갔다고 너를 죽일 것이다."

---

51 'caturaṅginiyā senāya'의 번역. 4군은 고대 인도의 군대로서, 코끼리부대, 기마부대, 전차부대, 보병부대를 의미한다.

사끼야족 왕자들은 이발사 우빨리를 데리고 세존을 찾아가서 세존께 예배하고 한쪽에 앉았습니다. 한쪽에 앉은 사끼야족 왕자들이 세존께 말씀드렸습니다.

"세존이시여, 우리 사끼야들은 교만합니다. 세존이시여, 이 이발사 우빨리는 오랜 기간 우리를 섬겼습니다. 세존께서는 이 우빨리를 먼저 출가시켜주십시오! 우리는 이분에게 일어나서 합장하고 공경하겠습니다. 이렇게 함으로써 우리 사끼야는 사끼야라는 교만을 버리겠습니다."

세존께서는 우빨리를 먼저 출가시킨 후에 그 사끼야족 왕자들을 출가시켰습니다.

그해 우기(雨期)에 밧디야 존자는 세 가지 명지(明智)[三明]를 증득(證得)했고,[52] 아누룻다 존자는 천안(天眼)을 얻었으며, 아난다 존자는 수다원과를 증득했고, 데와닷따 존자는 범부의 신통(神通)을 성취했습니다.

11.5. 그때 밧디야 존자는 숲에 가서도, 나무 아래에 가서도, 공한처에 가서도, 끊임없이 "아, 행복하다! 아, 행복하다!"라고 중얼거렸습니다. 많은 비구들은 세존을 찾아가서 세존께 예배하고 한쪽에 앉아 세존께 말씀드렸습니다.

"세존이시여, 밧디야 존자는 숲에 가서도, 나무 아래에 가서도, 공한처에 가서도, 끊임없이 '아, 행복하다! 아, 행복하다!'라고 중얼거립니다. 세존이시여, 분명히 밧디야 존자는 청정한 수행을 하면서 만족하

52 'tisso vijjā sacchākāsi'의 번역. 'tisso vijjā'는 '삼명(三明)'으로 한역되는 신통력으로서 숙명통(宿命通), 천안통(天眼通), 누진통(漏盡通)을 의미한다.

지 못하고, 예전에 왕위에 있을 때의 즐거움을 회상하면서 숲에 가서도, 나무 아래에 가서도, 한적한 곳에 가서도 끊임없이 '아, 행복하다! 아, 행복하다!'라고 중얼거리는 것 같습니다."

세존께서는 어떤 비구를 불렀습니다.

"이리 오라! 비구여, 그대는 밧디야 존자를 불러오라!"

"그렇게 하겠습니다. 세존이시여!"

그 비구는 밧디야 존자에게 세존의 말씀을 전했습니다.

11.6. 밧디야 존자는 "존자여, 그렇게 하겠습니다"라고 그 비구에게 말하고 세존을 찾아가서 세존께 예배하고 한쪽에 앉았습니다. 한쪽에 앉은 밧디야 존자에게 세존께서 말씀하셨습니다.

"밧디야여, 그대는 숲에 가서도, 나무 아래에 가서도, 공한처에 가서도, 끊임없이 '아, 행복하다! 아, 행복하다!'라고 중얼거린다고 하는데, 사실인가?"

"그렇습니다. 세존이시여!"

"밧디야여, 그대는 어떤 이유에서 숲에 가서도, 나무 아래에 가서도, 한적한 곳에 가서도 끊임없이 '아, 행복하다! 아, 행복하다!'라고 중얼거렸는가?"

"세존이시여, 제가 이전에 왕이었을 때는 궁전 안에서도 경호 받았고, 궁전 밖에서도 경호 받았고, 성 안에서도 경호 받았고, 성 밖에서도 경호 받았고, 나라 안에서도 경호 받았습니다. 세존이시여, 저는 이렇게 경호 받고 보호받았지만, 두렵고 무섭고 걱정스럽고 떨렸습니다. 세존이시여, 그런데 지금 저는 숲에 가도, 나무 아래에 가도, 한적한 곳에 가도 두렵지 않고 무섭지 않고 걱정이 없고 떨리지 않고, 편안하고 안심되고 남이 준 것으로 살면서 자연 속을 뛰노는 야생동물의 심정으로 지내고 있습니다. 세존이시여, 저는 이런 이유에서 숲에 가서도, 나무 아래에 가서도, 한적한 곳에 가서도 끊임없이 '아, 행복하다! 아, 행복하다!'라고 중얼거렸습니다."

세존께서는 그 이유를 아시고 우다나를 읊으셨습니다.

안으로 분노가 없고
유(有)와 비유(非有)를 벗어난
두려움 없고 걱정 없는 행복은
신들도 보고 느끼지 못한다네.

데와닷따와 아자따삿뚜

11.7. 세존께서는 아누삐야에서 적절하게 머무신 후에 꼬삼비(Kosambī)로 길을 떠나셨습니다. 여행을 계속하여 마침내 꼬삼비에 도착하신 세존께서는 곧바로 꼬삼비의 고시따(Ghosita) 승원에 머무셨습니다. 그때 홀로 좌선하던 데와닷따에게 이런 생각이 떠올랐습니다.

'내가 누구를 믿게 하면, 나에 대한 믿음이 있는 그로 인해서 많은 이익과 존경이 생길까?'

데와닷따는 이렇게 생각했습니다.

'아자따삿뚜(Ajātasattu) 왕자는 어리지만 분명히 미래에 명성을 얻을 것이다. 나는 아자따삿뚜 왕자를 믿게 만들어서 나에 대한 믿음이

있는 그로 인해서 많은 이익과 존경이 생기도록 해야겠다.'

데와닷따는 자리를 치운 후에 발우와 법의를 지니고 라자가하로 길을 떠났습니다. 데와닷따는 자신의 모습을 감추고 동자의 모습으로 변신하여 뱀을 허리에 두르고 아자따삿뚜 왕자의 무릎에 모습을 드러냈습니다. 아자따삿뚜 왕자는 두렵고, 무섭고, 걱정스럽고, 떨렸습니다.

데와닷따가 아자따삿뚜 왕자에게 말했습니다.

"왕자님! 내가 무섭습니까?"

"그렇습니다. 나는 두렵습니다. 당신은 누구입니까?"

"나는 데와닷따입니다."

"만약에 당신이 데와닷따라면 자신의 모습을 드러내십시오!"

데와닷따는 동자의 모습을 거둔 후에 가사를 입고 발우와 법의를 지니고 아자따삿뚜 왕자 앞에 섰습니다. 데와닷따의 신통변화를 보고 믿음이 생긴 아자따삿뚜 왕자는 500대의 마차를 거느리고 아침저녁으로 인사를 갔으며, 500그릇의 음식으로 식사 공양을 올렸습니다.

이익과 존경과 공경에 현혹되어 마음이 고무된 데와닷따에게 이런 욕망이 생겼습니다.

'내가 비구상가를 돌봐야겠다.'

이런 생각을 일으키자 곧바로 데와닷따는 그의 신통력을 잃었습니다.

11.8. 세존께서는 꼬삼비에서 적절하게 머무신 후에 라자가하로 길을 떠나셨습니다. 여행을 계속하여 마침내 라자가하에 도착하신 세존께서는 곧바로 라자가하의 웰루와나 깔란다까니와빠에 머무셨습니다. 그때 많은 비구들이 세존을 찾아와서 세존께 예배하고 한쪽에 앉았

습니다. 한쪽에 앉은 비구들은 세존께 이렇게 말씀드렸습니다.

"세존이시여, 아자따삿뚜 왕자가 500대의 마차를 거느리고 아침저녁으로 데와닷따에게 인사를 가며, 500그릇의 음식으로 식사 공양을 올립니다."

"비구들이여, 데와닷따의 이익과 존경과 공경을 부러워하지 마시!. 비구들이여, 제아무리 데와닷따에게 아자따삿뚜 왕자가 500대의 마차를 거느리고 아침저녁으로 인사를 가고, 500그릇의 음식으로 식사 공양을 올린다 할지라도, 데와닷따에게 기대할 수 있는 것은 선법(善法)의 손실이지 결코 증가가 아니라오. 비구들이여, 비유하면, 사나운 사냥개의 코에 쓸개를 찢어주면, 그 사냥개가 더욱 사나워지는 것과 같다오. 비구들이여, 이렇게 제아무리 데와닷따에게 아자따삿뚜 왕자가 500대의 마차를 거느리고 아침저녁으로 인사를 가고, 500그릇의 음식으로 식사 공양을 올린다 할지라도, 데와닷따에게 기대할 수 있는 것은 선법의 손실이지 결코 증가가 아니라오. 비구들이여, 이익과 존경과 공경은 데와닷따의 자멸(自滅)을 가져오고, 이익과 존경과 공경은 데와닷따의 파멸을 가져온다오. 비구들이여, 비유하면, 파초는 열매가 자멸을 가져오고, 열매가 파멸을 가져오는 것과 같다오. 비구들이여, 비유하면, 대나무는 열매가 자멸을 가져오고, 열매가 파멸을 가져오는 것과 같다오. 비구들이여, 비유하면, 노새 암컷이 수태(受胎)하면 자멸하고, 수태하면 파멸하는 것과 같다오. 비구들이여, 이렇게 이익과 존경과 공경은 데와닷따의 자멸을 가져오고, 데와닷따의 파멸을 가져온다오."

열매가 파초를 죽이듯이
열매가 대나무와 갈대를 죽이듯이
수태가 노새 암컷을 죽이듯이
존경이 천박한 사람을 죽인다네.

데와닷따의 음모

11.9. 세존께서 왕과 많은 대중이 참석한 곳에서 설법하실 때 데와닷따가 자리에서 일어나 한쪽 어깨에 상의를 걸치고, 세존을 향해 합장하고 이렇게 말했습니다.

"세존이시여, 세존께서는 이제 나이 많은 노쇠한 늙은이로서 만년에 이르렀습니다. 세존이시여, 세존께서는 이제 지금 여기에서 안락하게 지내면서 편안하게 사시고, 비구상가를 저에게 부촉하십시오. 제가 비구상가를 보살피겠습니다."

"그만두어라! 데와닷따여, 그대는 비구상가를 보살피려 하지 마라!"

데와닷따가 다시 말했으나 세존께서는 같은 말씀을 하셨습니다. 데와닷따가 세 번째로 말하자 세존께서는 이렇게 말씀하셨습니다.

"그만두어라! 데와닷따여, 그대는 비구상가를 보살피려 하지 마라! 데와닷따여, 나는 사리뿟따와 목갈라나라고 해도 비구상가를 부촉하지 않을 것이다. 그런데 어떻게 6년 동안 가래를 삼킨[53] 너에게 부촉할 수 있겠느냐?"

데와닷따는 "왕이 참석한 대중 가운데서 세존이 '6년 동안 가래를 삼킨 자'라고 나를 모욕하고, 사리뿟따와 목갈라나를 칭찬했다"라고 격분하고 불쾌해하면서 세존께 예배하고 오른쪽으로 돈 후에 떠났습니다. 이것이 세존에 대한 데와닷따의 첫 번째 원한이었습니다.

11.10. 세존께서 비구들에게 당부하셨습니다.

"비구들이여, 상가[僧伽]는 데와닷따에 대하여 '현재의 데와닷따는 예전과는 다른 상태다. 데와닷따가 하는 말과 행동은 붓다나 가르침이나 상가의 행위로 보아서는 안 되고, 데와닷따의 행위로 보아야 한다'라고 라자가하에 포고하도록 하시오! 그리고 비구들이여, 현명하고 자격 있는 비구들이 다음과 같이 상가에 알리시오!"

〈**제안**〉 "여러분! 상가는 나의 말을 들으시오! 상가에 적절하다면, 상가는 데와닷따에 대하여 '현재의 데와닷따는 예전과는 다른 상태다. 데와닷따가 하는 말과 행동은 붓다나 가르침이나 상가의 행위로 보아서는 안 되고, 데와닷따의 행위로 보아야 한다'라고 라자가하에 포고(布告)합시다. 이것이 제안입니다."

〈**토의**〉 여러분! 상가는 나의 말을 들으시오! 데와닷따에 대하여 '현재의 데와닷따는 예전과는 다른 상태다. 데와닷따가 하는 말과 행동은 붓다나 가르침이나 상가의 행위로 보아서는 안 되고,

53 'chavassakhelāpaka'의 번역. 출가하여 6년 동안 붓다의 가르침을 받들지 않고, 시주만 받으며 살았다는 의미다.

데와닷따의 행위로 보아야 한다'라고 라자가하에 포고하는 것이 적합하다고 생각하는 존자는 침묵하고, 그렇지 않은 존자는 말하시오!

〈**승인**〉 상가는 데와닷따에 대하여 '현재의 데와닷따는 예전과는 다른 상태다. 데와닷따가 하는 말과 행동은 붓다나 가르침이나 상가의 행위로 보아서는 안 되고, 데와닷따의 행위로 보아야 한다'라고 라자가하에 포고하는 제안은 승인되었습니다. 상가가 동의했으니, 저는 이 제안을 받들겠습니다.

세존께서 사리뿟따에게 분부하셨습니다.

"사리뿟따여, 그대가 데와닷따를 라자가하에 포고하시오!"

"세존이시여, 예전에 저는 라자가하에서 '고디뿟다(Godhiputta)는[54] 큰 신통력이 있다. 고디뿟다는 큰 위신력이 있다'라고 데와닷따에 대하여 칭찬의 말을 했습니다. 그런데 어떻게 제가 데와닷따를 라자가하에 포고할 수 있겠습니까?"

"사리뿟따여, 진실로 그대는 라자가하에서 데와닷따에 대하여 칭찬의 말을 하였는가?"

"그렇습니다. 세존이시여!"

"사리뿟따여, 사실이 그렇다면, 그대가 데와닷따를 라자가하에 포고하시오!"

사리뿟따 존자는 "그렇게 하겠습니다. 세존이시여!"라고 세존께

54 'Godhiputta'는 'Godhi의 아들'이라는 의미이다. 데와닷따의 어머니 이름이 'Godhi'이기 때문에 데와닷따를 'Godhiputta'라고 부른 것이다.

응답했습니다.

11.11. 세존께서는 비구들에게 분부하셨습니다.

"비구들이여, 상가는 사리뿟따를 따라서 데와닷따의 상태를 라자가하에 포고하시오!"

임무를 부여받은 사리뿟따 존자는 많은 비구들과 함께 라자가하에 들어가서 "현재의 데와닷따의 상태는 예전과는 다른 상태다. 데와닷따가 하는 말과 행동은 붓다나 가르침이나 상가의 행위로 보아서는 안 되고, 데와닷따의 행위로 보아야 한다"라고 라자가하에 포고했습니다.

그러자, 신심(信心)이 없고 믿음이 없고 지혜가 없는 사람들은 "샘이 많은 석씨(釋氏) 사문들이 데와닷따의 이익과 존경과 공경을 시샘한다"라고 말했습니다. 그렇지만 신심이 있고 믿음이 있는 현명하고 지혜가 있는 사람들은 "세존께서 데와닷따의 상태를 라자가하에 포고하게 할 정도라면 이것은 예삿일이 아닐 것이다"라고 말했습니다.

11.12. 데와닷따는 아자따삿뚜 왕자를 찾아가서 그에게 말했습니다.

"왕자님! 예전에 사람들은 수명이 길었는데, 지금은 수명이 짧기 때문에 왕자인 당신도 분명히 오래 살지 못하고 죽을 것입니다. 왕자님! 그러므로 당신은 아버지를 죽이고 왕이 되십시오. 나는 세존을 죽이고 붓다가 되겠습니다."

아자따삿뚜 왕자는 '데와닷따는 큰 신통력이 있고, 큰 위신력이 있다. 데와닷따는 알고 있을 것이다'라고 생각하고 허벅지에 단검을 차고 아침 일찍 무섭고 두렵고 걱정되어 벌벌 떨면서 급히 궁전으로 들어갔습니다. 궁전에서 시중드는 대신들은 아침 일찍 무섭고 두렵고 걱정되어 벌벌 떨면서 급히 궁전으로 들어오는 아자따삿뚜 왕자를 보고,

그를 붙잡았습니다. 그들은 검색을 하여 허벅지에 차고 있는 단검을 발견하고 아자따삿뚜 왕자에게 말했습니다.

"왕자님! 당신은 무엇을 하려고 합니까?"

"아버지를 죽이려고 합니다."

"누가 사주했습니까?"

"데와닷따입니다."

어떤 대신들은 '왕자를 죽이고, 데와닷따를 죽이고, 모든 비구를 죽여야 한다'라고 생각했고, 어떤 대신들은 '비구들을 죽여서는 안 된다. 비구들은 어떤 죄도 짓지 않았다. 왕자와 데와닷따를 죽여야 한다'라고 생각했고, 어떤 대신들은 '왕자를 죽여도 안 되고, 데와닷따를 죽여도 안 되고, 비구들을 죽여도 안 된다. 왕에게 알려서 우리는 왕이 말씀하신 대로 해야 한다'라고 생각했습니다.

11.13. 대신들은 아자따삿뚜 왕자를 데리고 마가다의 왕 세니야 빔비사라에게 가서 이 일을 알렸습니다.

"여러분! 대신들은 어떻게 생각합니까?"

"왕이시여! 어떤 대신들은 '왕자를 죽이고, 데와닷따를 죽이고, 모든 비구를 죽여야 한다'라고 생각했고, 어떤 대신들은 '비구들을 죽여서는 안 된다. 비구들은 어떤 죄도 짓지 않았다. 왕자와 데와닷따를 죽여야 한다'라고 생각했고, 어떤 대신들은 '왕자를 죽여도 안 되고, 데와닷따를 죽여도 안 되고, 비구들을 죽여도 안 된다. 왕에게 알려서 우리는 왕이 말씀하신 대로 해야 한다'라고 생각했습니다."

"여러분! 붓다나 가르침이나 상가라면 어떻게 할까요?"

세존께서는 미리 '현재의 데와닷따의 상태는 예전과는 다른 상태다. 데와닷따가 하는 말과 행동은 붓다나 가르침이나 상가의 행위로 보아서는 안 되고, 데와닷따의 행위로 보아야 한다'라고 데와닷따의 상태를 라자가하에 포고했습니다. 여기에서, 어떤 대신들은 '왕자를 죽이고, 데와닷따를 죽이고, 모든 비구를 죽여야 한다'라고 생각했는데, 왕은 그들의 생각은 부적절하다고 생각했습니다. 어떤 대신들은 '비구들을 죽여서는 안 된다. 비구들은 어떤 죄도 짓지 않았다. 왕자와 데와닷따를 죽여야 한다'라고 생각했는데, 왕은 그들의 생각이 낮다고 여겼습니다. 어떤 대신들은 '왕자를 죽여도 안 되고, 데와닷따를 죽여도 안 되고, 비구들을 죽여도 안 된다. 왕에게 알려서 우리는 왕이 말씀하신 대로 해야 한다'라고 생각했는데, 왕은 그들의 생각을 높게 여겼습니다.

마가다의 왕 세니야 빔비사라가 아자따삿뚜 왕자에게 말했습니다.

"왕자여, 너는 왜 나를 죽이려고 했느냐?"

"왕이시여! 저는 왕위를 원합니다."

"왕자여, 네가 왕위를 원한다면, 이 왕국은 너의 것이다."

왕은 아자따삿뚜 왕자에게 왕위를 양위했습니다.

11.14. 데와닷따가 왕이 된 아자따삿뚜를 찾아가서 말했습니다.

"왕이시여! 사람들에게 '고따마 사문의 목숨을 빼앗아라!'라고 명령하십시오."

아자따삿뚜는 사람들에게 명령했습니다.

"여봐라! 너희들은 데와닷따의 말대로 하여라."

그러자 데와닷따는 한 사람에게, "여봐라! 너는 고따마 사문이 머무는 곳에 가서 그의 목숨을 빼앗고 이 길로 돌아오라!"라고 명령했습니다. 그리고 그 길에 두 사람을 세워놓고, "한 사람이 이 길로 오면 그의 목숨을 빼앗고 이 길로 돌아오라!"라고 명령하고, 그 길에 네 사람을 세워놓고, "두 사람이 이 길로 오면 그들의 목숨을 빼앗고 이 길로 돌아오라!"라고 명령하고, 그 길에 여덟 사람을 세워놓고, "네 사람이 이 길로 오면 그들의 목숨을 빼앗고 이 길로 돌아오라!"라고 명령하고, 그 길에 열여섯 사람을 세워놓고, "여덟 사람이 이 길로 오면 그들의 목숨을 빼앗고 이 길로 돌아오라!"라고 명령했습니다.

11.15. 그 한 사람은 칼과 방패를 들고, 활과 화살통을 메고, 세존을 찾아가서 세존으로부터 멀지 않은 곳에, 무섭고 두렵고 걱정되어 벌벌 떨면서, 경직된 몸으로 서 있었습니다. 세존께서는 그 사람이 무섭고 두렵고 걱정되어 벌벌 떨면서 경직된 몸으로 서 있는 것을 보고 그에게 말씀하셨습니다.

"존자여, 두려워 말고 이리 오시오!"

그러자, 그 사람은 칼과 방패를 한쪽에 두고, 활과 화살통을 내려놓고, 세존께 다가가서 세존의 두 발에 머리를 조아린 후에 이렇게 말씀드렸습니다.

"세존이시여, 저는 죄를 지었습니다. 어리석게도 눈먼 봉사처럼 착하지 못하고, 사악한 의도를 가지고 살의(殺意)를 품고 이곳에 왔습니다. 세존이시여, 그러하오니 세존께서는 앞으로 죄를 짓지 않도록 죄지은 저를 받아주십시오!"

"존자여, 그대가 어리석게도 눈먼 봉사처럼 착하지 못하게 사악한 의도를 가지고 살의를 품고 이곳에 온 잘못을 저지른 것이 확실한가? 존자여, 그대는 지은 죄를 알고, 여법하게 참회하였기 때문에 우리는 그대를 받아들이겠소. 그대가 지은 죄를 알고, 여법하게 참회하여 앞으로는 죄를 짓지 않게 된 것은 성자의 율 가운데서 성장한 것이오."

세존께서는 그 사람에게 순차적으로 설법[次第說法]을 하셨습니다. 보시(布施)를 말씀하시고, 지계(持戒)를 말씀하시고, 천상(天上)을 말씀하시고, 위험하고 천박하고 더러운 감각적 욕망과 감각적 욕망에서 벗어나 얻게 되는 이익을 차례차례 설명하셨습니다. 세존께서는 그가 유연하고 편견 없이 기쁘고 청정한 마음으로 가르침을 받아들일 수 있는 적절한 마음이 된 것을 아시고, 모든 붓다의 요결법문인 괴로움[苦], 쌓임[集], 소멸[滅], 길[道]을 설명하셨습니다.

마치 오염이 안 된 깨끗한 옷이 염료를 완전히 받아들이듯이, 그 자리에서 그 사람에게 '쌓인 법[集法]은 어떤 것이든 모두 소멸하는 법[滅法]이다'라는 청정무구한 법안(法眼)이 생겼습니다. 법을 보고 법을 성취하고 법을 알고 법을 깊이 이해하여, 의심에서 벗어나고 의혹이 사라지고 두려움이 사라지고 스승의 가르침에 대하여 남에게 의지하지 않게 된 그 사람은 세존께 이렇게 말씀드렸습니다.

"훌륭합니다. 세존이시여! 훌륭합니다. 세존이시여! 세존이시여, 마치 뒤집힌 것을 바로 세우는 것 같고, 감추어진 것을 드러내는 것 같고, 길 잃은 자에게 길을 알려주는 것 같고, '눈 있는 자들은 보라!'라고 어둠 속에 등불을 비춰주는 것 같습니다. 이렇게 세존께서는 여러 가지 방법으로 진리를 알려주셨습니다. 세존이시여, 그래서 저는 세존께 귀의합니다. 가르침과 비구상가에 귀의합니다. 세존이시여, 저를 청신사로 받아주소서! 지금부터 살아있는 날까지 귀의하겠나이다."

세존께서는 그 사람에게 "존자여, 그대는 이 길로 가지 말고, 저 길로 가시오!"라고 말씀하시어 다른 길로 떠나보냈습니다.

11.16. 한편 그 두 사람은 '왜 그 한 사람이 아직 오지 않을까?'라고 생각하면서 그를 만나러 가다가 어떤 나무 아래에 앉아계시는 세존을 보고 세존께 다가가서 예배하고 한쪽에 앉았습니다. 세존께서는 그 두 사람에게 순차적으로 설법을 하셨습니다.

의심에서 벗어나고 의혹이 사라지고 두려움이 사라지고 스승의 가르침에 대하여 남에게 의지하지 않게 된 그 두 사람은 세존께 이렇게 말씀드렸습니다.

"세존이시여, 저희는 세존께 귀의합니다. 가르침과 비구상가에 귀의합니다. 세존이시여, 저희를 청신사로 받아주소서! 지금부터 살아있는 날까지 귀의하겠나이다."

세존께서는 그 두 사람에게 "존자들이여, 그대들은 이 길로 가지 말고, 저 길로 가시오!"라고 말씀하시어 다른 길로 떠나보냈습니다.

한편 그 네 사람은 '왜 그 두 사람이 아직 오지 않을까?'라고 생각하면서 그들을 만나러 가다가 어떤 나무 아래에 앉아계시는 세존을 보고 세존께 다가가서 예배하고 한쪽에 앉았습니다. 세존께서는 그 네 사람에게 순차적으로 설법을 하셨습니다.

세존께서는 그 네 사람에게 "존자들이여, 그대들은 이 길로 가지 말고, 저 길로 가시오"라고 말씀하시어 다른 길로 떠나보냈습니다.

한편 그 여덟 사람은 '왜 그 네 사람이 아직 오지 않을까?'라고 생각하면서 그들을 만나러 가다가 어떤 나무 아래에 앉아계시는 세존을 보고 세존께 다가가서 예배하고 한쪽에 앉았습니다. 세존께서는 그 여덟 사람에게 순차적으로 설법을 하셨습니다.

세존께서는 그 여덟 사람에게 "존자들이여, 그대들은 이 길로 가지 말고, 저 길로 가시오"라고 말씀하시어 다른 길로 떠나보냈습니다.

한편 그 열여섯 사람은 '왜 그 여덟 사람이 아직 오지 않을까?'라고 생각하면서 그들을 만나러 가다가 어떤 나무 아래에 앉아계시는 세존을 보고 세존께 다가가서 예배하고 한쪽에 앉았습니다. 세존께서는 그 열여섯 사람에게도 순차적으로 설법을 하셨습니다. 보시를 말씀하시고, 지계를 말씀하시고, 천상을 말씀하시고, 위험하고 천박하고 더러운 감각적 욕망과 감각적 욕망에서 벗어나 얻게 되는 이익을 차례차례 설명하셨습니다. 세존께서는 그들이 유연하고 편견 없는 기쁘고 청정한 마음으로 가르침을 받아들일 수 있는 적절한 마음이 된 것을 아시고, 모든 붓다의 요결법문인 괴로움, 쌓임, 소멸, 길을 설명하셨습니다.

마치 오염이 안 된 깨끗한 옷이 염료를 완전히 받아들이듯이, 그 자리에서 그 열여섯 사람에게 '쌓인 법은 어떤 것이든 모두 소멸하는 법이다'라는 청정무구한 법안이 생겼습니다. 법을 보고 법을 성취하고 법을 알고 법을 깊이 이해하여, 의심에서 벗어나고 의혹이 사라지고 두려움이 사라지고 스승의 가르침에 대하여 남에게 의지하지 않게 된 그 열여섯 사람은 세존께 이렇게 말씀드렸습니다.

"훌륭합니다. 세존이시여! 훌륭합니다. 세존이시여! 세존이시여, 마치 뒤집힌 것을 바로 세우는 것 같고, 감추어진 것을 드러내는 것 같고, 길 잃은 자에게 길을 알려주는 것 같고, '눈 있는 자들은 보라!'라고 어둠 속에서 등불을 비춰주는 것 같습니다. 이렇게 세존께서는 여러 가지 방법으로 진리를 알려주셨습니다. 세존이시여, 그래서 저희는 세존께 귀의합니다. 가르침과 비구상가에 귀의합니다. 세존이시여, 저희를 청신사로 받아주소서. 지금부터 살아있는 날까지 귀의하겠나이다."

11.17. 그 한 사람은 데와닷따를 찾아가서 말했습니다.

"존자여, 저는 세존의 목숨을 빼앗을 수 없었습니다. 세존께서는 큰 신통력이 있고, 큰 위신력이 있습니다."

"에잇! 그만두어라. 너는 고따마 사문의 목숨을 빼앗지 마라! 내가 고따마 사문의 목숨을 빼앗아야겠다."

어느 날 세존께서 깃자꾸따산의 그늘에서 경행(經行)을 하고 계실 때, 데와닷따는 깃자꾸따산에 올라가서 '이것으로 고따마 사문의 목숨을 빼앗아야겠다'라고 생각하며 큰 바위를 굴렸습니다. 그러자 두 산꼭대기가 만나서 그 바위를 받아냈습니다. 그로 인해서 파편이 날아와 여래의 발에 피를 냈습니다. 세존께서는 위를 쳐다보고 데와닷따에게 말씀하셨습니다.

"어리석은 사람아! 사악한 의도로 살의를 가지고 여래에게 피를 낸 것은 그대가 행한 큰 죄악이다."

그리고 세존께서 비구들에게 말씀하셨습니다.

"비구들이여, 사악한 의도로 살의를 가지고 여래에게 피를 낸 것은 데와닷따가 쌓은 첫 번째 무간업(無間業)[55]이라오."

11.18. 비구들은 데와닷따가 여래를 살해하려 했다는 말을 들었습니다. 그 비구들은 여래를 지키고 방어하고 보호하기 위하여 여래가 머무시는 곳의 주위를 돌면서 반복해서 높고 큰소리를 질렀습니다. 세존께서는 반복해서 나는 높고 큰 소리를 듣고 아난다 존자에게 말씀하셨습니다.

---

55 'ānantarikakammaṃ'의 번역. 무간지옥(無間地獄)에 떨어질 악업(惡業).

"아난다여, 반복해서 나는 저 높고 큰소리는 무엇인가?"

"세존이시여, 비구들이 데와닷따가 여래를 살해하려 했다는 말을 듣고, 여래를 지키고 방어하고 보호하기 위하여, 여래가 머무시는 곳의 주위를 돌면서 반복해서 높고 큰소리를 지르고 있습니다."

"아난다여, 그 비구들을 불러오너라."

아난다 존자는 "세존이시여, 그렇게 하겠습니다"라고 말하고 비구들에게 가서 세존의 말씀을 전했습니다.

그 비구들은 "존자여, 그렇게 하겠습니다"라고 아난다 존자에게 말한 후 세존을 찾아가서 예배하고 한쪽에 앉았습니다.

한쪽에 앉은 비구들에게 세존께서 말씀하셨습니다.

"비구들이여, 여래가 다른 사람의 공격으로 목숨을 빼앗기는 일은 있을 수 없다오. 결코 그런 경우는 없다오. 비구들이여, 모든 여래는 누구의 공격도 받지 않고 반열반에 든다오. … (중략) … 비구들이여, 그대들은 머물던 곳으로 돌아가시오! 비구들이여, 모든 여래는 지킬 필요가 없다오."

11.19. 그때 라자가하에 사람도 죽이는 날라기리(Nālāgiri)라는 난폭한 코끼리가 있었습니다. 데와닷따는 라자가하에 들어가 코끼리 축사(畜舍)로 가서 코끼리 관리인들에게 말했습니다.

"여봐라! 우리는 낮은 지위의 사람을 높은 지위에 승진시켜줄 수도 있고, 음식이나 급료를 많이 올려줄 수도 있는 왕의 측근들이다. 너희들은 고따마 사문이 수레가 다니는 이 길에 들어서면, 그때 코끼리 날라기리를 풀어주도록 하여라."

그 코끼리 관리인들은 "존자님! 그렇게 하겠습니다"라고 약속했습니다.

세존께서는 오전에 옷을 입고, 발우와 법의를 들고, 많은 비구들과 함께 탁발하러 라자가하에 들어가서 수레가 다니는 그 길에 들어섰습니다. 세존께서 수레가 다니는 그 길에 들어선 것을 본 코끼리 관리인들은 코끼리 날라기리를 풀어주었습니다. 코끼리 날라기리는 멀리서 세존께서 오시는 것을 보고, 코를 치켜들고 귀와 꼬리를 흔들면서 세존에게 돌진했습니다. 그 비구들은 멀리서 코끼리 날라기리가 오는 것을 보고 세존께 말씀드렸습니다.

"세존이시여, 사람을 죽이는 난폭한 코끼리 날라기리가 수레가 다니는 이 길에 들어왔습니다. 세존이시여, 세존께서는 물러서십시오! 선서께서는 물러서십시오!"

세존은 "비구들이여, 두려워하지 말고 이리 오시오! 비구들이여, 여래가 다른 사람의 공격으로 목숨을 빼앗기는 일은 있을 수 없다오. 결코 그런 경우는 없다오. 비구들이여, 모든 여래는 누구의 공격도 받지 않고 반열반에 든다오"라고 말씀하셨습니다.

그 비구들은 두 번, 세 번 거듭해서 세존께 물러서라고 말씀드렸지만, 그때마다 세존께서는 "비구들이여, 두려워하지 말고 이리 오시오! 비구들이여, 여래가 다른 사람의 공격으로 목숨을 빼앗기는 일은 있을 수 없다오. 결코 그런 경우는 없다오. 비구들이여, 모든 여래는 누구의 공격도 받지 않고 반열반에 든다오"라고 말씀하셨습니다.

11.20. 그때 사람들은 누각(樓閣)이나, 누옥(樓屋)이나 지붕에 올라가서 그것을 보고 있었습니다. 거기에서 신심이 없고 믿음이 없고 지혜가 없는 사람들은 "여보게, 틀림없이 준수(俊秀)한 대사문(大沙門)이 큰

코끼리에게 해를 입을 것이네"라고 말했습니다. 그렇지만, 신심이 있고 믿음이 있고 지혜가 있는 사람들은 "여보게, 틀림없이 큰 코끼리가 큰 코끼리와[56] 오랫동안 싸울 것이네"라고 말했습니다.

세존께서는 코끼리 날라기리를 자애로운 마음으로 가득 채웠습니다. 그러자 코끼리 날라기리는 세존의 자애로운 마음의 가피(加被)를 받아 코를 내리뜨리고 세존에게 다가와서 세존 앞에 섰습니다. 세존께서는 능숙한 솜씨로 코끼리 날라기리의 꿈바(kumbha)를[57] 어루만지면서 코끼리 날라기리에게 게송으로 말씀하셨습니다.

> 코끼리야! 용(龍)을 건드리지 마라!
> 코끼리야! 용을 건드리면 괴롭다.
> 코끼리야! 용을 죽이면 이후에 좋은 곳에 갈 수 없다.
> 그러므로 미쳐 날뛰지 말고, 방심하지 마라!
> 방일하면 너희들은 좋은 곳으로 가지 못한다.
> 네가 이렇게 행하면, 너는 좋은 곳으로 가게 될 것이다.

그러자 코끼리 날라기리는 코로 세존의 발에 묻은 먼지를 빨아들여 머리 위에 흩뿌린 후에 몸을 움츠리고 물러나서 세존을 바라보았습니다. 그런 다음에 코끼리 날라기리는 축사로 돌아갔습니다. 그렇게 코끼리 날라기리는 길들여졌습니다. 그때 사람들은 이 게송을 읊었습니다.

---

56 'nāgo nāgena'의 번역. 'nāga'는 용(龍), 또는 큰 코끼리를 의미하는데, 여기에서는 세존과 날라기리 코끼리를 의미한다.

57 코끼리 머리에 매는 둥근 공 모양의 장식.

어떤 자들은 몽둥이로, 갈고리로, 채찍으로 길들이는데,
위대한 선인(仙人)은 몽둥이나 칼 없이 큰 코끼리를 길들이셨네.

11.21. 사람들은 "데와닷따는 이렇게 큰 신통력이 있고, 이렇게 큰 위력이 있는 고따마 사문을 살해하려고 할 정도로 사악하고 못된 놈이다"라고 분개하고, 꾸짖고, 멸시했으며, 데와닷따의 이익과 공경은 줄어들었고, 세존의 이익과 공경은 늘어났습니다.

11.22. 데와닷따는 꼬깔리까(Kokālika), 까따모라까띠사까(Kaṭamorakatissaka), 칸다데위야 뿟따(Khaṇḍhadeviyā putta), 쌈우다닷따(Samuddadatta)를 찾아가서 그들에게 말했습니다.

"존자들이여, 이제 우리는 고따마 사문의 상가를 분열시키고, 화합을 깨뜨립시다."

이렇게 말하자, 꼬깔리까가 데와닷따에게 말했습니다.

"존자여, 고따마 사문은 큰 신통력이 있고, 큰 위력이 있습니다. 우리가 어떻게 고따마 사문의 상가를 분열시키고 화합을 깨뜨린단 말입니까?"

"존자여, 이제 우리는 고따마 사문을 찾아가서 '세존이시여, 세존께서는 여러 가지 방편으로 소욕지족(少欲知足)하고, 엄격한 두타행(頭陀行)을 실천하고, 편안함을 줄이고, 용맹정진(勇猛精進)하는 것을 칭찬하셨습니다. 세존이시여, 다음의 다섯 항목은 여러 가지 방편으로 소욕지족하고, 엄격한 두타행을 실천하고, 편안함을 줄이고, 용맹정진하는 데 도움이 됩니다. 세존이시여, 비구들은 철저하게 ① 평생을 숲에서 살아야 하며, 마을에 들어가서 살면 죄가 되어야 합니다. ② 평생을

탁발하며 살아야 하며, 식사 초대를 받아들이면 죄가 되어야 합니다. ③ 평생을 분소의(糞掃衣)를 입고 살아야 하며, 거사의 옷을 수용(受用)하면 죄가 되어야 합니다. ④ 평생을 나무 아래에서 지내야 하며, 지붕 아래로 가면 죄가 되어야 합니다. ⑤ 평생을 생선이나 고기를 먹어서는 안 되며, 생선이나 고기를 먹으면 죄가 되어야 합니다. 고따마 사문께서는 이 항목들을 계율로 규정하십시오. 그러면 우리가 이들 다섯 항목을 사람들에게 알리겠습니다'라고 다섯 항목을 요청합시다. 존자들이여, 우리는 이 다섯 항목으로 고따마 사문의 상가를 분열시키고, 화합을 깨뜨릴 수 있습니다. 존자들이여, 사람들은 분명히 고행(苦行)에 신심(信心)을 일으킬 것입니다."

11.23. 데와닷따는 사람들과 함께 세존을 찾아가서 예배하고 한쪽에 앉았습니다. 한쪽에 앉은 데와닷따가 세존께 말했습니다.

"세존이시여, 세존께서는 여러 가지 방편으로 소욕지족하고, 엄격한 두타행을 실천하고, 편안함을 줄이고, 용맹정진하는 것을 칭찬하셨습니다. 세존이시여, 부디 다음의 다섯 항목은 여러 가지로 방편으로 소욕지족하고, 엄격한 두타행을 실천하고, 편안함을 줄이고, 용맹정진하는 데 도움이 됩니다. 세존이시여, 비구들은 ① 평생을 숲에서 살아야 하며, 마을에 들어가서 살면 죄가 되어야 합니다. ② 평생을 탁발하며 살아야 하며, 식사 초대를 받아들이면 죄가 되어야 합니다. ③ 평생을 분소의를 입고 살아야 하며, 거사의 옷을 수용하면 죄가 되어야 합니다. ④ 평생을 나무 아래에서 지내야 하며, 지붕 아래로 가면 죄가 되어야 합니다. ⑤ 평생을 생선이나 고기를 먹어서는 안 되며, 생선이나 고기를 먹으면 죄가 되어야 합니다. 고따마 사문께서는 이들 항목을 계율로 규정하십시오. 그러면 우리가 이들 다섯 항목을 사람들에게 알리겠습니다."

"그만두어라! 데와닷따여, 원하는 사람은 숲에서 살아도 되고, 원하는 사람은 마을에서 살아도 된다. 원하는 사람은 탁발하며 살아도 되고, 원하는 사람은 식사 초대를 받아들여도 된다. 원하는 사람은 분소의를 입어도 되고, 원하는 사람은 거사의 옷을 수용해도 된다. 데와닷따여, 나는 (안거 기간이 아닌) 여덟 달 동안 나무 아래에 침소(寢所)를 두는 것과 (죽이는 것을) 보지 않고, (죽이는 소리를) 듣지 않고, (청정한 것인지) 의심이 가지 않는 세 가지 청정한 생선이나 고기는 허용한다."

세존께서 다섯 항목을 규정하지 않는다고 하시자, 데와닷따는 뛸 듯이 기뻐하면서 사람들과 함께 자리에서 일어나 세존께 예배하고 오른쪽으로 돈 후에 떠났습니다.

데와닷따는 사람들과 함께 라자가하에 들어가서 다섯 항목에 대하여 사람들에게 알렸습니다.

"여러분, 우리는 고따마 사문을 찾아가서 '비구들은 철저하게 ① 평생을 숲에서 살아야 하며, 마을에 들어가서 살면 죄가 된다. ② 평생을 탁발하며 살아야 하며, 식사 초대를 받아들이면 죄가 된다. ③ 평생을 분소의를 입고 살아야 하며, 거사의 옷을 수용하면 죄가 된다. ④ 평생을 나무 아래에서 지내야 하며, 지붕 아래로 가면 죄가 된다. ⑤ 평생을 생선이나 고기를 먹어서는 안 되며, 생선이나 고기를 먹으면 죄가 된다'라는 다섯 항목을 요청했습니다. 고따마 사문은 이 다섯 항목을 계율로 규정하지 않았습니다. 우리는 이 다섯 항목을 수지할 것입니다."

11.24. 그때 신심이 없고 믿음이 없고 지혜가 없는 사람들은 "이들

석씨 사문들은 엄격한 두타행을 실천하는데, 고따마 사문은 호사를 누릴 생각을 한다"라고 말했습니다. 그렇지만, 신심이 있고 믿음이 있고 지혜가 있는 사람들은 "데와닷따라는 자는 무엇 때문에 세존의 상가를 분열시키고, 화합을 깨뜨리려고 애쓰는가?"라고 분개하고, 꾸짖고, 멸시했습니다.

비구들은 그 사람들이 분개하고 꾸짖고 멸시하는 소리를 들었습니다. 그 비구들은 곧바로 세존께 이 사실을 알렸습니다.

"데와닷따여, 그대가 상가를 분열시키고, 화합을 깨뜨리려고 애썼다는데, 그것이 사실인가?"

"사실입니다. 세존이시여!"

"그만두어라! 데와닷따여, 상가의 분열을 좋아하면 안 된다! 데와닷따여, 상가의 분열은 실로 엄중하다. 데와닷따여, 화합된 상가를 깨뜨리는 사람은 죄의 과보를 받아 한 겁(劫) 동안 지옥에서 괴로움을 겪는다. 데와닷따여, 분열된 상가를 화합하게 하는 사람은 범천(梵天)의 공덕을 받나니, 한 겁 동안 천상에서 즐거움을 누린다. 그만두어라! 데와닷따여, 상가의 분열을 좋아하면 안 된다! 데와닷따여, 상가의 분열은 실로 엄중하다."

11.25. 아난다 존자는 오전에 옷을 입고, 발우와 법의를 지니고, 탁발하러 라자가하에 들어갔습니다. 데와닷따는 탁발하러 라자가하에 들어가는 아난다 존자를 보았습니다. 그는 아난다 존자에게 다가가서 말했습니다.

"아난다 존자여, 이제부터는 나는 세존과는 별도로, 비구상가와는 별도로 포살(布薩)을 행하고, 상가의 갈마(羯磨)를 행하겠다."

아난다 존자는 라자가하에서 탁발 음식으로 식사를 마치고 세존을 찾아가 세존께 예배한 후 한쪽에 앉았습니다. 한쪽에 앉은 아난다 존자가 세존께 말씀드렸습니다.

"세존이시여, 저는 오전에 옷을 입고, 발우와 법의를 지니고, 탁발하러 라자가하에 들어갔습니다. 그런데 데와닷따가 저를 보고 다가와서 '아난다 존자여, 이제부터는 나는 세존과는 별도로, 비구상가와는 별도로 포살을 행하고, 상가의 갈마를 행하겠다'라고 말했습니다. 세존이시여, 지금 데와닷따는 상가를 분열시키려고 합니다."

세존께서는 그 사실을 아시고 그때 이 우다나를 읊으셨습니다.

> 선량한 사람이 선행을 하기는 쉽지만
> 사악한 사람이 선행을 하기는 어렵다.
> 사악한 사람이 악행을 하기는 쉽지만
> 고결한 사람이 악행을 하기는 어렵다.

데와닷따로 인한 상가의 분열

11.26. 어느 포살(布薩)의 날에 데와닷따가 자리에서 일어나 막대기를 잡아 들고 말했습니다.

"존자들이여, 우리는 고따마 사문을 찾아가서 다섯 항목을 요청했습니다. 고따마 사문은 이 다섯 항목을 규정하지 않았습니다. 우리는 이 다섯 항목을 수지(受持)할 것입니다. 이들 다섯 항목을 승인하는 존자들은 막대기를 잡으시오."

그때 웨살리 왓지족 출신의 배은망덕한 새내기 비구 500명이 있었는데, 그들은 "이것이 법(法)이고, 이것이 율(律)이고, 이것이 스승의 가르침이다"라고 하면서 막대기를 잡았습니다. 데와닷따는 상가를 분열시킨 후에 500명의 비구를 데리고 가야시사(Gayāsīsa, 伽倻山)로 떠났습니다.

그러자 사리뿟따와 목갈라나는 세존을 찾아가서 예배하고 한쪽 앉은 후에 세존께 말씀드렸습니다.

"세존이시여, 데와닷따가 상가를 분열시킨 후에, 500명의 비구를 데리고 가야시사로 떠났습니다."

"그대들에게는 저 새내기 비구들에 대한 연민(憐愍)이 있지 않나요? 그대들은 그 비구들이 화와 재난을 겪기 전에 얼른 가보시오!"

"그렇게 하겠습니다. 세존이시여!"

사리뿟따와 목갈라나는 자리에서 일어나 세존께 예배하고 오른쪽으로 돈 후에 가야시사로 향했습니다. 그때 어떤 비구가 세존 가까이에서 울면서 서 있었습니다. 세존께서 그 비구에게 물었습니다.

"비구여, 그대는 왜 우는가?"

"세존이시여, 세존의 수제자인 사리뿟따와 목갈라나가 데와닷따의 법을 좋아하여 데와닷따에게 갔습니다."

"비구여, 언제 어디서든, 사리뿟따와 목갈라나가 데와닷따의 법을 좋아하는 일은 결코 있을 수 없다오. 그들이 간 것은 비구들을 설득하기 위해서라오."

11.27. 그때 데와닷따는 큰 대중에 둘러싸여 설법하며 앉아있었습

니다. 그는 저만치서 사리뿟따와 목갈라나가 오는 것을 보고 비구들에게 말했습니다.

"비구들이여, 보라! 나의 법은 잘 설해졌다. 그래서 고따마 사문의 수제자인 사리뿟따와 목갈라나도 나의 법을 좋아하여 내 앞으로 오고 있다."

이렇게 말하자, 꼬깔리까가 데와닷따에게 말했습니다.

"데와닷따 존자여, 사리뿟따와 목갈라나를 믿지 마십시오! 사리뿟따와 목갈라나는 나쁜 의도를 지니고 있습니다"

"그만두어라! 존자여, 그들을 환영한다. 왜냐하면 나의 법을 좋아하기 때문이다."

데와닷따는 자리의 절반을 내어주며 사리뿟따를 불렀습니다.

"어서 오시오! 사리뿟따 존자여, 여기에 앉으시오!"

"존자여! 그만 되었습니다."

사리뿟따 존자는 다른 자리를 잡고 한쪽에 앉았습니다. 마하목갈라나 존자도 다른 자리를 잡고 한쪽에 앉았습니다. 데와닷따는 밤이 깊도록 법을 설하여 비구들을 가르치고 격려하고 칭찬하고 기쁘게 한 후에 사리뿟따 존자에게 부탁했습니다.

"사리뿟따 존자여, 그대가 나와서 비구들에게 설법하십시오! 나는 허리가 아파서 허리를 좀 펴야겠습니다."

사리뿟따 존자는 "존자여, 그렇게 하겠습니다"라고 데와닷따에게 약속했습니다.

데와닷따는 네 겹의 가사를 깔고 오른쪽 옆구리로 누워서, 피곤하여 주의집중을 잃고 알아차리지 못한 채 잠시 잠이 들었습니다.

11.28. 사리뿟따 존자는 불가사의(不可思議)한 설법으로[58] 법을 설하여 비구들을 훈계하고 가르쳤습니다. 마하목갈라나 존자는 불가사의한 신통으로[59] 법을 설하여 비구들을 훈계하고 가르쳤습니다. 사리뿟따 존자와 마하목갈라나 존자로부터 훈계를 받고 가르침을 받은 비구들에게 '쌓인 법[集法]은 어떤 것이든 모두 소멸하는 법[滅法]이다'라는 청정무구한 법안(法眼)이 생겼습니다. 그러자 사리뿟따 존자가 비구들에게 말했습니다.

"존자들이여, 우리 세존 앞으로 갑시다. 세존의 법을 좋아하는 사람은 오시오!"

사리뿟따와 목갈라나는 500명의 비구들을 데리고 웰루와나로 갔습니다.

꼬깔리까는 데와닷따를 깨웠습니다.

"데와닷따 존자여, 일어나시오! 사리뿟따와 목갈라나가 비구들을 이끌고 갔습니다. 데와닷따 존자여, 그러기에 내가 그대에게 '사리뿟따와 목갈라나를 믿지 마십시오! 사리뿟따와 목갈라나는 나쁜 의도를 지니고 있습니다'라고 말하지 않았습니까?"

그러자 데와닷따는 입에서 뜨거운 피를 토해냈습니다.

11.29. 사리뿟따와 목갈라나는 세존을 찾아가서 예배하고 한쪽에 앉았습니다. 한쪽에 앉은 사리뿟따 존자가 세존께 말씀드렸습니다.

---

58 'ādesanāpāṭihāriyānusāniyā'의 번역. 'ādesanāpāṭihāriya'는 타인의 마음을 관찰하는 능력을 의미하는 '기심신변(記心神變)'으로 해석되기도 하고, 뛰어난 언변으로 설명을 잘 하는 능력을 의미하는 '설법신변(說法神變)'으로 해석되기도 하는데, 여기에서는 '설법신변'의 의미를 취했다.

59 'iddhipāṭihāriyānusāniyā'의 번역.

"세존이시여, 부디 분열을 추종한 비구들을 다시 받아주시옵소서!"

"사리뿟따여, 그만 되었소. 그대는 분열을 추종한 비구들을 다시 받아주려고 하지 마시오! 사리뿟따여, 받아주려면 그대는 분열을 추종한 비구들을 툴랏짜야(Thullaccaya, 偸蘭遮)[60] 죄에 대한 참회를 시키도록 하시오."

60 선근(善根)을 끊고 악도(惡道)에 떨어지게 되는 무거운 죄. 대죄(大罪), 추악(麤惡)으로 번역됨.

제

12

장

●

비구니

(比丘尼)

【해제】

이 장에서는 마하빠자빠띠 고따미(Mahāpajāpatī Gotamī)와 사끼야(Sākiya)족 여인들의 출가 인연을 이야기한다. 여인의 출가를 허락하지 않던 붓다는 아난다의 간청에 다음과 같은 8가지 공경법[八敬法]을 받아들인다는 조건으로 여인의 출가를 허락한다.

① 구족계를 받고 100년이 된 비구니도 그 자리에서 구족계를 받은 비구에게 일어나서 합장하고 공경하고 예배해야 한다.
② 비구니는 비구가 없는 거처에서 안거(安居)를 보내서는 안 된다.
③ 비구니는 보름마다 비구상가에 포살질문(布薩質問)과 교계심방(教誡尋訪), 두 법을 청해야 한다.
④ 안거를 지낸 비구니는 보았거나, 들었거나, 의심스러운 점을 가지고 (비구와 비구니) 두 상가 가운데서 자자(自恣)를 행해야 한다.
⑤ 공경법을 범한 비구니는 두 상가 가운데서 반월(半月) 참회의 벌을 받아야 한다.
⑥ 2년 동안 6법(法)에 대하여 스승에게 배운 식차마나(式叉摩那)는 두 상가 가운데서 구족계를 청해야 한다.
⑦ 비구니는 어떤 이유로든 비구를 비난하거나 비방하지 않아야 한다.
⑧ 지금 이후로 비구에 대한 비구니의 언로(言路)는 닫혔고, 비구니

에 대한 비구의 언로는 닫히지 않았다.

이상과 같은 비구니의 출가 조건은 승단을 비구상가 중심으로 운영하는 불평등한 조건이다. 혹자는 이 조건 때문에 붓다가 남녀를 차별했다고 평가하기도 한다. 그렇지만 붓다 당시의 인도 사회를 생각한다면, 여인의 출가는 획기적인 일이었다. 그리고 8가지 공경법을 살펴보면 대부분 당시 사회적 약자인 여인을 보호하기 위한 것임을 알 수 있다. 붓다는 비구니상가를 비구상가가 보호할 수 있도록 차별적인 요소가 있는 8가지 공경법을 지키도록 한 것이다.

비구니 8경법(八敬法)

12.1. 세존께서 삭까(Sakka)족의 까삘라왓투에 있는 니그로다(Nigrodha) 승원에 머무실 때, 마하빠자빠띠 고따미(Mahāpajāpatī Gotamī)가 세존을 찾아와서 예배하고 한쪽에 섰습니다. 한쪽에 선 마하빠자빠띠 고따미가 세존께 말씀드렸습니다.

"세존이시여, 부디 여래께서 가르치신 가르침[法]과 율(律)에 여인이 집을 버리고 출가하는 것을 허락해 주십시오."

"고따미여, 그만두십시오! 그대는 여인이 여래가 가르친 가르침과 율에 집을 버리고 출가하는 것을 좋아하지 마십시오."

마하빠자빠띠 고따미가 두 번, 세 번 거듭하여 간청했지만, 세존께서는 허락하지 않으셨습니다. 세존께서 여인의 출가를 허락하지 않으시자, 마하빠자빠띠 고따미는 슬픔에 젖어 괴로워하며 눈물을 흘리고 울면서 세존께 예배하고 오른쪽으로 돈 후에 떠났습니다.

12.2. 세존께서는 까삘라왓투에서 적절하게 머무신 후에 웨살리로 길을 떠났습니다. 여행을 계속하여 마침내 웨살리에 도착하신 세존께서는 곧바로 웨살리의 마하와나(Mahāvana)에 있는 중각(重閣) 강당(講堂)에 머무셨습니다. 그러자 마하빠자빠띠 고따미는 머리카락을 자르고, 황색 옷을 입고,[61] 많은 사끼야(Sākiya) 여인들과 함께 웨살리로 길을 떠났습니다. 그녀는 여행을 계속하여 웨살리의 마하와나에 있는 중

---

61 'kāsāyāni vatthāni acchādetvā'의 번역. 'kāsāyāni vatthāni'는 '황색 옷'을 의미한다. 그 당시 재가자(在家者)는 흰옷을 입었고, 출가자는 '황색 옷'을 입었다. 스님들이 입는 옷을 가사(袈裟)라고 부르는 것은 출가자의 '황색 옷', 즉 'kāsāya vattha'에서 유래한 것이다.

각 강당을 찾아갔습니다. 마하빠자빠띠 고따미는 온몸에 먼지를 뒤집어쓰고, 발이 퉁퉁 부은 채로 슬픔에 젖어 괴로워하며 눈물을 흘리고 울면서 출입문 밖에 서 있었습니다. 아난다 존자가 그것을 보고 마하빠자빠띠 고따미에게 말했습니다.

"고따미여, 당신은 왜 온몸에 먼지를 뒤집어쓰고, 발이 퉁퉁 부은 채로 울면서 출입문 밖에 서 있습니까?"

"아난다 존자여, 세존께서는 여래께서 가르치신 가르침과 율에 여인이 집을 버리고 출가하는 것을 허락하지 않으십니다."

"고따미여, 잠시만 여기에 계십시오! 제가 세존께 여인의 출가를 허락하시도록 간청하겠습니다."

12.3. 아난다 존자는 세존을 찾아가서 예배하고 한쪽에 앉아서 세존께 말씀드렸습니다.

"세존이시여, 세존께서 여인의 출가를 허락하지 않으시기 때문에 마하빠자빠띠 고따미께서 온몸에 먼지를 뒤집어쓰고, 발이 퉁퉁 부은 채로 슬픔에 젖어 괴로워하며 눈물을 흘리고 울면서 출입문 밖에 서 있습니다. 세존이시여, 부디 여인이 여래께서 가르치신 가르침과 율에 집을 버리고 출가하는 것을 허락해 주십시오!"

"아난다여, 그만두어라. 그대는 여인이 여래가 가르친 가르침과 율에 집을 버리고 출가하는 것을 좋아하지 마라!"

아난다 존자가 두 번, 세 번 거듭하여 간청했지만, 세존께서는 허락하지 않으셨습니다. 그러자 아난다 존자가 세존께 말씀드렸습니다.

"세존이시여, 여인은 여래께서 가르치신 가르침과 율에 집을 버리고 출가하여 수다원과(須陀洹果)나 사다함과(斯多含果)나 아나함과(阿那

含果)나 아라한과(阿羅漢果)를 성취할 수 없습니까?"

"아난다여, 여인도 여래가 가르친 가르침과 율에 집을 버리고 출가하여 수다원과나 사다함과나, 아나함과나, 아라한과를 성취할 수 있다."

"세존이시여, 여인이 출가하여 수다원과나 사다함과나, 아나함과나, 아라한과를 성취할 수 있다면, 세존이시여, 마하빠자빠띠 고따미는 어머님께서 돌아가시자 젖을 먹여 세존을 키우고 양육하신 은혜가 큰 세존의 이모님이십니다. 세존이시여, 부디 여인이 여래께서 가르치신 가르침과 율에 집을 버리고 출가하는 것을 허락해 주십시오."

12.4. "아난다여, 마하빠자빠띠 고따미가 8경법(八敬法)을 받아들인다면, 그것이 그녀의 구족계가 될 것이다.

① 구족계를 받고 100년이 된 비구니도 그 자리에서 구족계를 받은 비구에게 일어나서 합장하고 공경하고 예배해야 한다. 이 법을 존중하고, 존경하고 공경하고 받들면서 수명이 다할 때까지 어기지 않아야 한다.

② 비구니는 비구가 없는 거처에서 안거(安居)를 보내서는 안 된다. 이 법을 존중하고, 존경하고 공경하고 받들면서 수명이 다할 때까지 어기지 않아야 한다.

③ 비구니는 보름마다 비구상가에 포살질문(布薩質問)과[62] 교계심방(教誡尋訪)[63] 두 법을 청해야 한다. 이 법을 존중하고, 존경하고 공

62 'uposathapucchaka'의 번역. 포살(布薩)을 행할 때 계를 어겼는지 묻는 질문. 이는 포살을 비구니 상가에서 자체적으로 행할 수 없음을 의미한다.

63 'ovādūpasaṃkamana'의 번역. 포살을 행할 때 비구가 와서 설법하는 것을 의미한다.

경하고 받들면서 수명이 다할 때까지 어기지 않아야 한다.

④ 안거를 지낸 비구니는 보았거나, 들었거나, 의심스러운 점을 가지고 (비구와 비구니) 두 상가 가운데서 자자(自恣)를 행해야 한다. 이 법을 존중하고 존경하고 공경하고 받들면서 수명이 다할 때까지 어기지 않아야 한다.

⑤ 공경법(恭敬法)을 범한 비구니는 두 상가 가운데서 반월(半月) 참회의 벌을[64] 받아야 한다. 이 법을 존중하고, 존경하고 공경하고 받들면서 수명이 다할 때까지 어기지 않아야 한다.

⑥ 2년 동안 6법(法)에[65] 대하여 스승에게 배운 식차마나(式叉摩那)는[66] 두 상가 가운데서 구족계를 청해야 한다. 이 법을 존중하고, 존경하고 공경하고 받들면서 수명이 다할 때까지 어기지 않아야 한다.

⑦ 비구니는 어떤 이유로든 비구를 비난하거나 비방하지 않아야 한다. 이 법을 존중하고, 존경하고 공경하고 받들면서 수명이 다할 때까지 어기지 않아야 한다.

⑧ 지금 이후로 비구에 대한 비구니의 언로(言路)는 닫혔고, 비구니에 대한 비구의 언로는 닫히지 않았다.[67] 이 법을 존중하고, 존경하고 공경하고 받들면서 수명이 다할 때까지 어기지 않아야 한다.

---

64 'pakkhamānatta'의 번역. 보름 동안 참회하는 벌.

65 5계(五戒)와 일중식(日中食)을 의미함.

66 'sikkhamāna'의 번역. 비구니가 되기 위해 2년 동안 견습하는 여인.

67 비구니는 비구를 꾸짖거나 가르칠 수 없지만, 비구는 비구니를 꾸짖거나 가르칠 수 있다는 뜻이다.

아난다여, 마하빠자빠띠 고따미가 8경법을 받아들인다면, 이것이 그녀의 구족계가 될 것이다."

12.5. 세존으로부터 직접 8경법을 배운 아난다 존자는 마하빠자빠띠 고따미를 찾아가서 말했습니다.

"고따미여, 만약에 8가지 공경법을 받아들인다면, 이것이 당신의 구족계입니다."

"아난다 존자여, 비유하면 몸단장하기 좋아하는 여자나 남자나 소년이나 청년이 연꽃 화환이나 와씨까(vassika)[68] 화환이나 아띠뭇따까(atimuttaka) 화환을 얻어 두 손으로 받아서 머리 위에 얹어놓듯이, 아난다 존자여, 나는 이렇게 이 8경법을 받아서 수명이 다할 때까지 어기지 않겠습니다."

12.6. 아난다 존자는 세존을 찾아가서 예배하고 한쪽에 앉아서 세존께 말씀드렸습니다.

"세존이시여, 세존의 마하빠자빠띠 고따미께서 8경법을 받아들였습니다. 세존의 이모님께서 구족계를 받으셨습니다."

"아난다여, 만약에 여인이 여래가 가르친 가르침과 율에 집을 버리고 출가하는 것을 허용하지 않으면, 아난다여, 범행(梵行)이 오래 머물고, 정법(正法)이 1,000년을 머물 것이다. 아난다여, 그런데 여인이 여래가 가르친 가르침과 율에 집을 버리고 출가했기 때문에 이제 범행이 오래 머물지 않을 것이다. 아난다여, 이제 정법이 500년을 머물게 될 것이다. … (중략) … 아난다여, 비유하면 어떤 사람이 저수지에 미리

68 자스민의 일종으로 향기가 매우 뛰어난 꽃.

둑을 쌓아서 물이 넘치지 않도록 하듯이, 아난다여, 이렇게 나는 미리 비구니들에게 8가지 공경법을 규정하여 수명이 다할 때까지 어기지 않도록 했다."

사끼야족 여인의 출가

12.7. 어느 날 마하빠자빠띠 고따미가 세존을 찾아와서 예배하고 한쪽에 섰습니다. 한쪽에 선 마하빠자빠띠 고따미가 세존께 말씀드렸습니다.

"세존이시여, 저는 이 사끼야족 여인들 가운데서 어떻게 처신해야 할까요?"

세존께서는 법을 설하여 마하빠자빠띠 고따미를 가르치고 격려하고 칭찬하고 기쁘게 하셨습니다. 세존의 가르침을 받은 마하빠자빠띠 고따미는 세존께 예배하고 오른쪽으로 돈 후에 떠났습니다.

이 인연과 이 일에 대하여 설명하신 후에 비구들에게 말씀하셨습니다.

"비구들이여, 나는 비구가 비구니에게 구족계를 주는 것을 허락합니다."

12.8. 구족계를 받은 비구니들이 마하빠자빠띠 고따미에게 말했습니다.

"마마님은 구족계를 받지 않으셨지만, 우리는 구족계를 받았습니다. 세존께서 '비구는 비구니에게 구족계를 주도록 하라!'라고 규정하셨습니다."

이 말을 듣고, 마하빠자빠띠 고따미는 아난다 존자를 찾아가서 예배하고 한쪽에 섰습니다. 한쪽에 선 마하빠자빠띠 고따미가 아난다 존자에게 말했습니다.

"아난다 존자여, 이 비구니들이 나에게 '마마님은 구족계를 받지 않으셨지만, 우리는 구족계를 받았습니다. 세존께서 비구는 비구니에게 구족계를 주도록 하라고 규정하셨습니다'라고 말했습니다."

아난다 존자는 세존을 찾아가서 예배하고 세존께 마하빠자빠띠 고따미의 말을 전해드렸습니다.

"아난다여, 마하빠자빠띠 고따미는 이전에 8경법을 받아들였기 때문에 그것으로 그녀는 구족계를 받은 것이다."

제 13 장

오백결집
(五百結集)

【해제】

이 장에서는 붓다의 열반 후에 라자가하에서 경(經)과 율(律)이 결집되는 과정을 보여준다. 그 과정을 보면, 마하 까싸빠 존자가 수장이 되어 먼저 율에 대하여 묻고 우빨리 존자가 대답함으로써 율장(律藏)이 결집되고, 다음에 가르침에 대하여 마하 까싸빠 존자가 묻고 아난다 존자가 대답함으로써 경장(經藏)이 결집된다.

그런데 뿌라나(Purāṇa)라는 비구는 닥키나기리(Dakkhiṇāgiri)에서 500명의 비구상가와 함께 유행(遊行)하다가 뒤늦게 라자가하에 온다. 장로들은 그에게 결집한 사실을 알리고, 결집한 경전을 수지하도록 요청한다. 그러나 그는 자신이 세존에게서 직접 듣고, 직접 받은 가르침과 율을 들은 그대로 수지하겠다고 하면서 그 요청을 거절한다. 이것은 당시에 500결집과는 다른 경과 율이 존재했음을 시사한다.

이 장의 뒷부분에 500벌의 옷을 받은 아난다 존자 이야기가 나온다. 꼬삼비(Kosambī)의 왕 우데나(Udena)는 시녀들이 아난다 존자에게 500벌의 옷을 보시했다는 말을 듣고 아난다 존자를 찾아가서 그 많은 옷을 어디에 쓸 것인가를 묻는다. 아난다 존자는 함께 지내는 비구들의 낡은 옷을 교체할 것이라고 대답한다. 그리고 이어지는 질문에서 아난다 존자는 헌 옷은 담요를 만들고, 헌 담요는 방바닥 깔개를 만들고, 헌 방바닥 깔개는 발수건으로 사용하고, 헌 발수건은 걸레로 사용하고, 헌 걸레는 진흙과 섞어서 벽을 바를 것이라고 대답한다. 우데나왕은 '이들 석씨(釋氏) 사문들은 모든 것을 철저하게 사용하고, 낭비하지 않는다'라고 생각하고, 아난다 존자에게 다른 옷 500벌을 보시한다.

율장의 마지막에 왜 이런 이야기가 나올까? 이것은 수행자의 삶은 낭비하지 않고 모든 것을 소중하게 다루는 데서 이루어진다는 것을 보여주려고 한 것이 아닐까? 이 이야기는 온 세상이 쓰레기로 몸살을 앓는 현대인에게 '모든 것을 소중하게 생각하고 낭비하지 않으면 세상에 쓰레기는 없다'는 지혜를 가르쳐 준다.

결집(結集)의 인연

13.1. 마하 까싸빠(Mahā-Kassappa) 존자가 비구들에게 말했습니다.

"존자들이여, 나는 한때 500명의 큰 비구상가와 함께 빠와(Pava)에서 꾸시나라(Kusinārā)로 가고 있었습니다. 존자들이여, 나는 도중에 길에서 벗어나 어떤 나무 아래에 앉아있었습니다. 그때 어떤 사명외도(邪命外道)가[69] 꾸시나라에서 만다라와 꽃을 가지고 빠와로 가고 있었습니다. 존자들이여, 나는 멀리서 사명외도가 다가오는 것을 보고 그에게 물었습니다.

'존자여, 혹시 우리 스승님 소식을 아십니까?'

'그렇습니다. 존자여! 나는 알고 있습니다. 오늘이 고따마 사문께서 반열반하신지 이레가 됩니다. 이 만다라와 꽃은 그곳에서 가져온 것입니다.'

그 말을 듣고, 탐욕을 버리지 못한 몇몇 비구들은 '세존께서 너무 빨리 반열반하셨네! 선서께서 너무 빨리 반열반하셨네! 세간에서 눈이 사라졌네!' 하면서 팔을 내저으며 울부짖고, 깎아지른 절벽에서 굴러떨어진 듯이 뒹굴었습니다. 그러나 탐욕에서 벗어난 비구들은 주의집중을 하고 알아차리면서 '제행무상(諸行無常)인 것을 지금 어찌하겠는가?'라고 참고 있었습니다.

그러자 나는 비구들에게 말했습니다.

'법우들이여, 이제 그만하시오! 슬퍼하지 마시오! 비탄(悲嘆)하지

---

69 'Ājīvaka'의 번역. 막칼리 고살라의 교단에 속하는 수행자를 지칭함.

마시오! 법우들이여, '사랑스럽고 즐거운 것은 모두 변하고, 떠나가고, 달라진다'라고 세존께서 이전에 말씀하시지 않았소? 법우들이여, 그것을 지금 어찌하겠소? 태어난 존재는 유위(有爲)이며, 쇠멸법(衰滅法)이오. 그것을 사멸(死滅)하지 말라고 할 수는 없는 것이오.'

그때 수밧다(Subhadda)라는 늙어서 출가한 비구가 대중 가운데 앉아있었습니다. 늙어서 출가한 수밧다가 그 비구들에게 말했습니다.

'존자들이여, 이제 그만하시오! 슬퍼하지 마시오! 비탄하지 마시오! 우리는 대사문으로부터 잘 벗어난 것이오. '그대들은 이것은 해도 된다. 그대들은 이것은 해서는 안 된다'라고 해서 우리는 성가셨는데, 이제는 우리가 하고 싶은 것은 하고, 하기 싫은 것은 하지 않을 수 있게 되었소.'

그래서 나는 비구들에게 말하겠습니다.

자! 우리는 가르침[法]과 율(律)을 결집(結集)하도록 합시다. 벌써 가르침에 어긋난 것[非法]이 각광을 받고 가르침은 배척되었으며, 율에 어긋난 것이 각광을 받고 율은 배척되었습니다. 벌써 가르침에 어긋난 말을 하는 사람들이 힘이 있고 가르침을 말하는 사람들은 힘이 없어졌으며, 율에 어긋난 말을 하는 사람들이 힘이 있고, 율을 말하는 사람들은 힘이 없어졌습니다."

13.2. "존자님! 그렇다면, 장로(長老)께서 비구들을 선발하십시오."

마하 까싸빠 존자는 500명에서 한 명이 부족한 아라한들을 선발했습니다. 비구들이 마하 까싸빠 존자에게 말했습니다.

"존자님! 아난다 존자는 비록 유학(有學)이지만, 결코 욕망과 분노와 어리석음과 두려움으로 인해서 도리에 어긋난 행위를 하지 않습니다. 그는 세존의 곁에서 배운 가르침과 율이 많습니다. 존자님! 그러므로 장로께서는 아난다 존자를 선발하십시오."

그래서 마하 까싸빠 존자는 아난다 존자도 선발했습니다.

13.3. 장로 비구들은 이렇게 생각했습니다.

'우리는 어디에서 가르침과 율을 결집하는 것이 좋을까?'

장로 비구들은 이렇게 생각했습니다.

'우리는 라자가하에서 안거를 보내면서 결집하고, 다른 비구들은 라자가하에서 안거에 들지 않도록 하는 것이 좋겠다.'

13.4. 마하 까싸빠 존자가 상가에 알렸습니다.

"존자들이여, 상가는 나의 말을 들으시오! 상가가 적절하다고 생각한다면, 상가는 이들 500비구들이 라자가하에서 안거를 보내면서 결집하고, 다른 비구들은 라자가하에서 안거에 들지 않도록 승인하여 주십시오! 이것은 제안입니다. 이 제안에 동의하면 침묵하고, 동의하지 않으면 말씀하십시오!"

그러자 모든 이들은 침묵으로 동의했습니다.

"이들 500비구들이 라자가하에서 안거를 보내면서 결집하고, 다른 비구들은 라자가하에서 안거에 들지 않도록 하는 이 제안은 승인되었습니다. 상가가 동의했으니, 저는 이 제안을 받들겠습니다."

13.5. 장로 비구들은 가르침과 율을 결집하기 위해서 라자가하로 갔습니다. 장로 비구들은 서로 이렇게 말했습니다.

"존자들이여, 세존께서는 부서진 부분을 고쳐서 사는 것을 칭찬하셨습니다. 존자들이여, 이제 우리는 (안거의) 첫 달에는 부서진 부분을 수리하고, 중간 달에 모여서 가르침과 율을 결집합시다."

그리하여 장로 비구들은 첫 달에는 부서진 부분을 수리했습니다.

13.6. 아난다 존자는 '내일 모임이 있는데, 내가 유학(有學)으로서 모임에 가는 것은 적절하지 않다'라고 생각하고, 밤 동안 몸에 대한 주의 집중을 하면서 많은 시간을 보낸 후에 날이 새는 이른 아침에 자리에 누우려고 몸을 기울였습니다. 그때 머리는 베개에 닿지 않고, 두 발은 바닥에서 떨어지려는 순간에 마음이 번뇌로부터 남김없이 해탈했습니다. 그래서 아난다 존자는 아라한으로서 모임에 갔습니다.

13.7. 마하 까싸빠 존자가 상가에 알렸습니다.

"존자들이여, 상가는 나의 말을 들으시오! 상가가 적절하다고 생각한다면, 내가 우빨리 존자에게 율에 대하여 묻겠습니다."

우빨리 존자가 상가에 알렸습니다.

"존자들이여, 상가는 나의 말을 들으시오! 상가에 적절하다면, 나는 마하 까싸빠 존자께서 질문하시는 율에 대하여 대답하겠습니다."

마하 까싸빠 존자가 우빨리 존자에게 물었습니다.

"우빨리 존자여, 첫 번째 바라이(波羅夷)는[70] 어디에서 시설(施設)되었습니까?"

"존자여, 웨살리에서 입니다."

"누구 때문입니까?"

"수딘나 깔란다뿟따(Sudinna Kalandaputta) 때문입니다."

"어떤 사안(事案)에 대한 것입니까?"

---

70 'pārājika'의 번역. 상가에서 추방당하는 가장 무거운 죄. 단두(斷頭)로 한역된다. '살인, 도둑질, 음행, 거짓말한 자는 승려의 자격을 잃고 다시는 승단에 들어올 수 없는 것이 마치 머리를 잘리면 다시는 살아날 수 없는 것과 같다'라는 의미에서 이를 단두라고 한다.

"음행(淫行)에 대한 것입니다."

마하 까싸빠 존자는 우빨리 존자에게 첫째 바라이의 사안을 묻고, 사연을 묻고, 사람을 묻고, 규정을 묻고, 추가규정을 묻고, 죄가 되는 것을 묻고, 죄가 되지 않는 것을 물었습니다.

"우빨리 존자여, 두 번째 바라이는 어디에서 시설되었습니까?"

"존자여, 라자가하에서 입니다."

"누구 때문입니까?"

"다니야 꿈바까라뿟따(Dhaniya Kumbhakāraputta) 때문입니다."

"어떤 사안에 대한 것입니까?"

"도둑질[不與取]에 대한 것입니다."

마하 까싸빠 존자는 우빨리 존자에게 두 번째 바라이의 사안을 묻고, 사연을 묻고, 사람을 묻고, 규정을 묻고, 추가규정을 묻고, 죄가 되는 것을 묻고, 죄가 되지 않는 것을 물었습니다.

"우빨리 존자여, 세 번째 바라이는 어디에서 시설되었습니까?"

"존자여, 웨살리에서 입니다."

"누구 때문입니까?"

"많은 비구들 때문입니다."

"어떤 사안에 대한 것입니까?"

"살생에 대한 것입니다."

마하 까싸빠 존자는 우빨리 존자에게 세 번째 바라이의 사안을 묻고, 사연을 묻고, 사람을 묻고, 규정을 묻고, 추가규정을 묻고, 죄가 되는 것을 묻고, 죄가 되지 않는 것을 물었습니다.

"우빨리 존자여, 네 번째 바라이는 어디에서 시설되었습니까?"

"존자여, 웨살리에서 입니다."

"누구 때문입니까?"

"왁구무다띠리야(Vaggumudātīriya) 비구 때문입니다."

"어떤 사안에 대한 것입니까?"

"초인법(超人法)에[71] 대한 것입니다."

마하 까싸빠 존자는 우빨리 존자에게 네 번째 바라이의 사안을 묻고, 사연을 묻고, 사람을 묻고, 규정을 묻고, 추가규정을 묻고, 죄가 되는 것을 묻고, 죄가 되지 않는 것을 물었습니다.

13.8. 마하 까싸빠 존자가 상가에 알렸습니다.

"존자들이여, 상가는 나의 말을 들으시오! 상가가 적절하다고 생각한다면, 내가 아난다 존자에게 가르침[法]에 대하여 묻겠습니다."

아난다 존자가 상가에 알렸습니다.

"존자들이여, 상가는 나의 말을 들으시오! 상가가 적절하다고 생각한다면, 나는 마하 까싸빠 존자께서 질문하시는 가르침에 대하여 대답하겠습니다."

마하 까싸빠 존자가 아난다 존자에게 물었습니다.

"아난다 존자여, 브라마잘라(Brahmajāla, 梵網經)는[72] 어디에서 설해졌습니까?"

"존자여, 라자가하와 나란다(Nāḷanda) 중간에 있는 망고 숲속의 왕궁에서입니다."

---

71 'uttarimanussadhamma'의 번역. 인간의 한계를 벗어난 초능력을 의미한다. 수행을 통해 초능력을 얻었다고 다른 사람을 속이는 것은 승단에서 추방당하는 큰 죄가 된다.

72 『디가니까야』 제1경이다.

"누구 때문입니까?"

"편력수행자 수삐야(Suppiya)와 젊은 제자 브라마닷따(Brahmadatta) 때문입니다."

마하 까싸빠 존자는 아난다 존자에게 브라마잘라가 설해진 사연을 묻고, 사람을 물었습니다.

마하 까싸빠 존자가 아난다 존자에게 물었습니다.

"아난다 존자여, 사만냐팔라(sāmaññaphala, 沙門果經)는[73] 어디에서 설해졌습니까?"

"존자여, 라자가하에 있는 지와까의 망고 동산에서입니다."

"누가 함께 있었습니까?"

"아자따삿뚜 웨데히뿟따가 함께 있었습니다."

마하 까싸빠 존자는 아난다 존자에게 사만냐팔라가 설해진 사연을 묻고, 사람을 물었습니다. 이런 방식으로 5부 니까야에 대하여 물었으며, 아난다 존자는 질문을 받을 때마다 대답했습니다.

13.9. 아난다 존자가 장로 비구들에게 말했습니다.

"존자들이여, 세존께서 반열반하실 때 저에게 '아난다여, 나의 사후에 상가가 원하면 소소한 학계(學戒)들은 폐지하도록 하라'라고 말씀하셨습니다."

"아난다 존자여, 그렇다면 그대는 세존께 '세존이시여, 어떤 것들이 소소한 학계입니까?'라고 물었습니까?"

"존자들이여, 저는 세존께 묻지 않았습니다."

---

73 『디가니까야』 제2경이다.

그러자 어떤 장로는 “4바라이(波羅夷)와 13승잔(僧殘)을[74] 제외한 나머지는 소소한 학계다”라고 말하고, 어떤 장로는 “4바라이와 13승잔과 2부정죄(不定罪)를[75] 제외한 나머지는 소소한 학계다”라고 말하고, 어떤 장로는 “4바라이와 13승잔과 2부정죄와 30사타(捨墮)를[76] 제외한 나머지는 소소한 학계다”라고 말하고, 어떤 장로는 “4바라이와 13승잔과 2부정죄와 30사타와 92단타(單墮)를[77] 제외한 나머지는 소소한 학계다”라고 말하고, 어떤 장로는 “4바라이와 13승잔과 2부정죄와 30사타와 92단타와 4향피회(向彼悔)를[78] 제외한 나머지는 소소한 학계다”라고 말했습니다.

이렇게 되자, 마하 까싸빠 존자가 상가에 알렸습니다.

“존자들이여, 상가는 나의 말을 들으시오! 재가자들은 우리의 학계를 잘 압니다. 재가자는 ‘실로 이것은 석씨 사문들에게 허용된 것이고, 실로 이것은 허용되지 않은 것이다’라고 확실하게 알고 있습니다. 만약에 우리가 소소한 학계들을 폐지한다면, ‘고따마 사문은 화장(火葬)할 때까지 제자들에게 학계를 시설했다. 스승이 살아있을 때는 이들 학계들을 배우더니, 스승이 반열반하고 나서 지금은 학계들을 배우지 않는다’라고 말하는 사람들이 있을 것입니다. 상가가 적절하다고 생각

---

74 ‘saṃghādisesa’의 번역. 바라이 다음의 중죄로서, 상가에 들어오지 못하지만, 참회하면 구제가 가능한 죄.

75 ‘aniyata’의 번역. 비구의 구족계 가운데 병처부정계(屛處不定戒)와 노처부정계(露處不定戒)가 있다.

76 ‘nissaggiya-pācittiya’의 번역. 범하면 재물을 내놓고 대중에게 타죄(墮罪)를 참회해야 하는 계.

77 ‘pācittiya’의 번역. 범하면 대중에게 타죄(墮罪)를 참회해야 하는 가벼운 계.

78 ‘pāṭidesaniya’의 번역. 범하면 다른 비구에게 참회해야 하는 가벼운 계.

한다면, 상가는 시설되지 않은 것은 시설하지 않고, 시설된 것은 폐지하지 않고, 시설된 그대로 학계를 수지하도록 합시다. 이것은 제안입니다. 이 제안에 동의하면 침묵하시고, 동의하지 않으면 말씀해 주십시오."

그러자 모든 이들은 침묵으로 동의했습니다.

"상가는 시설되지 않은 것은 시설하지 않고, 시설된 것은 폐지하지 않고, 시설된 그대로 학계를 수지하기로 하겠습니다. 상가가 침묵으로 동의했으므로, 저는 이 제안을 그대로 받들겠습니다."

13.10. 그때 장로 비구들이 아난다 존자에게 말했습니다.

"아난다 존자여, 그대가 세존께 '세존이시여, 어떤 것들이 소소한 학계입니까?'라고 묻지 않은 것은 악작(惡作)[79] 입니다. 그 악작을 참회하시오!"

"존자들이여, 제가 생각이 미치지 못하여 세존께 묻지 못했습니다. 저는 그것을 악작으로 보지 않습니다. 그렇지만 존자들을 신뢰하기 때문에 저는 그 악작을 참회합니다."

"아난다 존자여, 그대가 세존의 비옷을 밟아서 꿰맨 것은 악작입니다. 그 악작을 참회하시오!"

"존자들이여, 제가 공경하지 않아서 세존의 비옷을 밟아서 꿰맨 것이 아닙니다.[80] 저는 그것을 악작으로 보지 않습니다. 그렇지만 존자들을 신뢰하기 때문에 저는 그 악작을 참회합니다."

"아난다 존자여, 그대가 여인들로 하여금 세존의 사리에 맨 먼저

---

79 'dukkaṭa'의 번역. 돌길라(突吉羅)로 음역(音譯)된다. 참회하면 용서되는 경미한 죄.

80 세존의 비옷을 수선할 때, 발로 밟고 바느질을 한 것을 불경(不敬)한 행동이라고 지적한 것에 대한 변명이다.

예배하도록 하여, 그녀들이 울면서 세존의 사리를 눈물로 더럽힌 것은 악작입니다. 그 악작을 참회하시오."

"존자들이여, 저는 그 여인들이 밤늦게까지 있어서는 안 된다고 생각하여 여인들로 하여금 세존의 사리에 맨 먼저 예배하도록 한 것입니다. 저는 그것을 악작으로 보지 않습니다. 그렇지만 존자들을 신뢰하기 때문에 저는 그 악작을 참회합니다."

"아난다 존자여, 세존께서 그대에게 중요한 언질을 주고, 중요한 암시를 주었는데, 세존께 '세존께서는 영겁토록 머무소서! 선서께서는 대중의 이익을 위하여, 대중의 행복을 위하여, 세간을 연민하사, 천신과 인간의 복과 이익과 행복을 위하여 영겁토록 머무소서!'라고 그대가 간청하지 않은 것은 악작입니다. 그 악작을 참회하시오!"

"존자들이여, 저는 마라(Māra)에게 마음이 사로잡혀서 세존께 간청하지 못했습니다. 저는 그것을 악작으로 보지 않습니다. 그렇지만 존자들을 신뢰하기 때문에 저는 그 악작을 참회합니다."

"아난다 존자여, 그대가 여래께서 가르치신 가르침과 율에 여인이 집을 버리고 출가할 수 있도록 힘쓴 것은 악작입니다. 그 악작을 참회하시오!"

"존자들이여, 저는 세존의 이모님으로서 어머님께서 돌아가시자 젖을 먹여 세존을 키우고 양육하신 은혜가 큰 마하빠자빠띠 고따미를 생각하여, 여래께서 가르치신 가르침과 율에 여인이 집을 버리고 출가할 수 있도록 힘썼습니다. 저는 그것을 악작으로 보지 않습니다. 그렇지만 존자들을 신뢰하기 때문에 저는 그 악작을 참회합니다."

13.11. 그때 뿌라나(Purāṇa) 존자는 500명의 큰 비구상가와 함께 닥

키나기리(Dakkhiṇāgiri)에서 유행(遊行)했습니다. 뿌라나 존자는 장로비구들이 가르침과 율을 결집하는 동안 닥키나기리에서 흡족하게 지낸 후에 라자가하의 웰루와나 깔란다까니와빠로 장로비구들을 찾아가서 장로비구들과 인사를 나누고 한쪽에 앉았습니다. 한쪽에 앉은 뿌라나 존자에게 장로비구들이 말했습니다.

"뿌라나 존자여, 장로들이 가르침과 율을 결집했습니다. 결집된 그 경전을 취하십시오."

"존자들이여, 장로들께서 가르침과 율을 잘 결집하셨군요. 그렇지만 나는 내가 세존에게서 직접 듣고, 직접 받은 가르침과 율을 들은 그대로 수지하겠습니다."

13.12. 아난다 존자가 비구들에게 말했습니다.

"존자들이여, 세존께서 저에게 '아난다여, 나의 사후에 찬나(Channa)[81] 비구는 묵빈(黙擯)의[82] 벌을 받게 해야 한다'라고 말씀하셨습니다."

"아난다 존자여, 그렇다면 그대는 세존께 '세존이시여, 묵빈의 벌이란 어떤 것입니까?'라고 물었습니까?"

"존자들이여, 저는 세존께 '세존이시여, 묵빈의 벌이란 어떤 것입

---

81 붓다가 출가할 때 말을 끌던 마부였다. 붓다가 고향인 까삘라왓투에 갔을 때 출가했다. 평소 자만심이 많아 제멋대로 행동했다고 한다. 여기에서는 붓다가 직접 처벌을 명하지만, 실제로 붓다가 열반에 임하여 한 개인의 처벌을 거론했다고는 생각되지 않는다. 찬나 비구가 부처님을 믿고 교단에서 방자한 행동을 했기 때문에 부처님 입멸 후에 교단으로부터 벌을 받은 것으로 보인다.

82 'brahmā-daṇḍa'의 번역. 범단(梵壇), 범천법(梵天法), 범천치(梵天治)라고도 함. 비구가 계율을 범하고도 그에 상응하는 벌칙을 받지 않으면, 대중은 그와 말이나 왕래를 하지 않고 빼돌려 승단에서 내쫓는 벌.

니까?'라고 물었습니다. 세존께서는 '아난다여, 찬나 비구가 대화를 원해도 비구들은 대화해서도 안 되고, 훈계해서도 안 되고, 질책해서도 안 된다'라고 말씀하셨습니다."

"아난다 존자여, 그렇다면 그대는 찬나 비구가 묵빈의 벌을 받게 했습니까?"

"존자들이여, 제가 어떻게 찬나 비구가 묵빈의 벌을 받게 하겠습니까? 그 비구는 사납고 거칩니다."

"아난다 존자여, 그렇다면 많은 비구들과 함께 가시오."

"존자들이여, 그렇게 하겠습니다."

아난다 존자는 장로비구들에게 승낙한 후에 500명의 큰 비구상가와 함께 배로 강을 거슬러 올라가 꼬삼비에서 내려, 우데나(Udena)왕의 공원 근처에 있는 나무 아래에 앉았습니다.

13.13. 그때 우데나왕이 시녀들과 함께 공원에 놀러왔습니다. 우데나왕의 시녀들은 '우리의 스승이신 아난다 성자(聖者)께서 공원 근처의 어떤 나무 아래에 앉아계신다'는 말을 들었습니다. 우데나왕의 시녀들이 우데나왕에게 말했습니다.

"왕이시여! 우리의 스승이신 아난다 성자께서 공원 근처의 어떤 나무 아래에 앉아계십니다. 왕이시여! 우리는 아난다 성자를 뵙고 싶습니다."

"그렇다면 너희들은 아난다 사문을 만나보도록 해라."

우데나왕의 시녀들은 아난다 존자를 찾아가서 예배한 후에 한쪽에 앉았습니다. 아난다 존자는 법을 설하여 한쪽에 앉은 우데나왕의 시녀들을 가르치고 격려하고 칭찬하고 기쁘게 했습니다. 아난다 존자로부터 설법을 듣고, 격려를 받고, 칭찬을 받고, 희열을 느낀 우데나왕의 시녀들은 아난다 존자에게 500벌의 상의(上衣)를 보시했습니다. 우데나왕의 시녀들은 아난다 존자의 말씀에 기뻐하고 만족하고서 자리에서 일어나 아난다 존자에게 예배하고 그곳을 떠나 우데나왕에게 갔습니다.

13.14. 저만치서 시녀들이 오는 것을 보고, 우데나왕이 시녀들에게 말했습니다.

"너희들은 아난다 사문을 만나보았느냐?"

"전하! 저희는 아난다 성자를 뵈었습니다."

"너희들은 아난다 사문에게 무엇을 보시하였느냐?"

"전하! 저희는 아난다 성자에게 500벌의 상의를 보시했습니다."

우데나왕은 실망하고 화를 내며 불평했습니다.

"아난다 사문은 어찌 그렇게 많은 옷을 받을 수가 있단 말인가? 아난다 사문은 옷 가게라도 차릴 생각이란 말인가?"

우데나왕은 아난다 존자를 찾아가서 함께 정중하게 인사를 나누고 한쪽에 앉았습니다. 한쪽에 앉은 우데나왕이 아난다 존자에게 말했습니다.

"아난다 존자여, 여기에 나의 시녀들이 왔었나요?"

"왕이시여! 여기에 당신의 시녀들이 왔습니다."

"그렇다면 그녀들이 아난다 존자에게 무엇을 주었나요?"

"왕이시여! 그녀들이 나에게 500벌의 상의를 주었습니다."

"아난다 존자는 그 많은 옷으로 무엇을 하시렵니까?"

"왕이시여! 옷이 해진 비구들과 함께 나눌 것입니다."

"아난다 존자여, 그렇다면, 이전의 해진 옷은 어떻게 하시렵니까?"

"왕이시여! 담요를 만들 것입니다."

"아난다 존자여, 그렇다면, 이전의 담요는 어떻게 하시렵니까?"

"왕이시여! 방석을 만들 것입니다."

"아난다 존자여, 그렇다면, 이전의 방석은 어떻게 하시렵니까?"

"왕이시여! 방바닥 깔개를 만들 것입니다."

"아난다 존자여, 그렇다면, 이전의 방바닥 깔개는 어떻게 하시렵니까?"

"왕이시여! 발수건을 만들 것입니다."

"아난다 존자여, 그렇다면, 이전의 발수건은 어떻게 하시렵니까?"

"왕이시여! 걸레를 만들 것입니다."

"아난다 존자여, 그렇다면 이전의 걸레는 어떻게 하시렵니까?"

"왕이시여! 잘게 찢어서 진흙으로 반죽하여 벽에 바를 것입니다."

우데나왕은 '이들 석씨 사문들은 모든 것을 철저하게 사용하고, 낭비하지 않는다'라고 생각하고, 아난다 존자에게 다른 옷 500벌을 보시했습니다. 그리하여 아난다 존자는 1,000벌의 옷을 받게 되었습니다.

13.15. 아난다 존자는 고시따(Ghosita) 승원으로 가서 자리를 펴고 앉았습니다. 그러자 찬나 존자가 아난다 존자를 찾아와서 아난다 존자에게 예배하고 한쪽에 앉았습니다. 한쪽에 앉은 찬나 존자에게 아난다 존자가 말했습니다.

"찬나 존자여, 상가는 그대에게 묵빈의 벌을 내렸습니다."

"아난다 존자여, 묵빈의 벌이란 어떤 것입니까?"

"찬나 존자여, 그대가 비구들과 대화를 원해도, 비구들은 그대에게 대화해서도 안 되고, 훈계해서도 안 되고, 질책해서도 안 됩니다."

"아난다 존자여, 이런 식으로 비구들이 저에게 대화해서도 안 되고, 훈계해서도 안 되고, 질책해서도 안 된다면, 그것은 저를 죽이는 것이 아닙니까?"

찬나 존자는 그 자리에서 넋을 잃고 쓰러졌습니다. 묵빈의 벌을 받을 때, 괴로워하고 부끄러워하고 혐오하면서 홀로 소외된 가운데 열심히 노력하고 정진하며 지낸 찬나 존자는 오래지 않아 선남자가 집을 버리고 출가한 목적에 합당한 위없는 범행(梵行)의 완성을 지금 여기에서 몸소 체험적 지혜[勝智]로 체득하고 성취하여 살아가게 되었습니다. 그는 '생(生)은 소멸했다. 청정한 범행을 완성했으며, 해야 할 일을 끝마쳤다. 다시는 이와 같은 상태로 되지 않는다'라고 증득했습니다. 그리하여 찬나 존자는 아라한 가운데 한 분이 되었습니다. 아라한을 성취한 찬나 존자는 아난다 존자를 찾아가서 말했습니다.

"아난다 존자여, 이제 제 묵빈의 벌을 거두어주십시오!"

"찬나 존자여, 그대가 아라한을 성취했을 때, 그대의 묵빈의 벌은 거두어졌습니다."

13.16. 이 율장의 결집에 더하지도 않고 덜하지도 않고, 꼭 500명의 비구들이 참여했기 때문에 이 율장의 결집을 500결집이라고 부릅니다.

니까야로 읽는 금강경

산스크리트어, 빠알리어, 한문 원전의 꼼꼼한 해석을 바탕으로
『금강경』 속 언어의 모순, 관념, 보살, 깨달음, 자비, 지혜를 하나의
흐름으로 파악할 수 있게 하였다. 『금강경』이 설하는 언어의
세계와 보살의 길을 바르게 이해하는 방법을 제시한다.

이중표 역해 | 400쪽 | 28,000원

담마빠다

종교에 상관없이 누구에게나 적용 가능한 가르침을 담고 있으며,
전 세계인이 가장 많이 읽은 경전 『담마빠다』를 새롭게 번역했다.
기존 번역서들의 오류와 왜곡을 바로 잡아 원전의 의미를 오롯이 살리면서
마치 시처럼 노랫말처럼 부드럽게 흐르는 원전의 특성을 고려해 리듬감을 더했다.

이중표 역해 | 480쪽 | 25,000원

숫따니빠따

현존하는 불교 경전 가운데 가장 오래된 경전이자 붓다의 초기 가르침이
살아 있는 경전 『숫따니빠따』를 새롭게 번역했다. 기존 번역서들의 오류와
왜곡을 바로 잡아 원전의 의미를 오롯이 살리면서 마치 시처럼
노랫말처럼 부드럽게 흐르는 원전의 특성을 고려해 리듬감을 더했다.

이중표 역해 | 696쪽 | 30,000원

불교란 무엇인가

초기불교와 대승불교를 아우르는 세밀한 구성과 신앙적 측면까지
고려해 저술된 불교개론서이다. 현대인들이 느끼는 불교에 관한 궁금증에
답해주고, 불교를 이해하는 데 도움을 주는 최고의 '불교 안내서'이다.

이중표 지음 | 358쪽 | 18,000원

붓다의 철학

한국 불교학의 살아 있는 고전 『아함의 중도체계』를 27년 만에 새롭게
개정 증보하여 발간했다. 이 책은 붓다가 깨닫고 증명한 진리 안에서
철학이 추구하는 인식론·존재론·가치론이 어떻게 논의되고 있는지,
그리고 그 문제에 대한 해답을 철학적으로 해석해 입증한다.

이중표 지음 | 462쪽 | 27,000원

붓다가 깨달은 연기법

붓다가 깨달은 진리가 '연기법'이라는 사실에는 이론의 여지가 없다.
이 책은 붓다가 어떻게 연기법의 사유를 할 수 있었고, 이를 통해
4성제라는 진리에 도달할 수 있었는지 구체적인 방법을 알려준다.

이중표 지음 | 384쪽 | 20,000원

근본불교

『아함경』과 『니까야』를 통해 중도·연기·열반 등의 핵심 교리를
왜곡 없이 붓다의 원음으로 통찰하고, 중관·유식·화엄 등의
대표적인 대승 사상이 근본불교와 같은 맥락임을 밝혔다.

이중표 지음 | 294쪽 | 17,000원

현대와 불교사상

과학문명을 바탕으로 성립된 잘못된 세계관이 만든 자연과
인간성 파괴라는 문제를 해결하기 위해서는 자연과 인간, 생명에 대한
우리의 철학적 관점을 재고하지 않으면 안 된다. 이 책은 어째서
불교가 과학의 대안이 될 수 있는지를 명확히 밝히며, 자연과 생명,
그리고 인간에게 일어난 문제에 대해 불교에서 찾은 해답을 모았다.

이중표 지음 | 272쪽 | 20,000원

붓다의 연기법과 인공지능

역자인 이중표 명예교수가 극찬한 생태철학자 조애너 메이시는
불교와 일반시스템 이론의 사상체계를 연구하면서
상호인과율과 무아(無我)라는 공통적인 관점을 밝혀냈다.
생명·생태·윤리 문제의 해결책을 명쾌하게 제시한다.

조애너 메이시 지음 | 이중표 옮김 | 432쪽 | 22,000원

불교와 양자역학

양자역학과 공(空) 사상은 '무아'로 일치한다는 공통점을
과학적 근거와 세밀한 불교 교리로 녹여 하나로 융합시켰다.
과학과 종교의 지식이 지혜로 변화하고, 그 지혜는
자비와 사랑으로 귀결할 수밖에 없음을 보여준다.

빅 맨스필드 지음 | 이중표 옮김 | 312쪽 | 20,000원

인간 붓다

신화와 설화를 걷어낸
율장 속 붓다의 참모습

2024년 6월 28일 초판 1쇄 발행
2024년 9월 2일 초판 2쇄 발행

지은이 이중표
발행인 박상근(至弘) • 편집인 류지호 • 편집이사 양동민
편집 김재호, 양민호, 김소영, 최호승, 하다해, 정유리 • 디자인 쿠담디자인
제작 김명환 • 마케팅 김대현, 이선호 • 관리 윤정안
콘텐츠국 유권준, 정승채, 김희준
펴낸 곳 불광출판사 (03169) 서울시 종로구 사직로10길 17 인왕빌딩 301호
대표전화 02) 420-3200 편집부 02) 420-3300 팩시밀리 02) 420-3400
출판등록 제300-2009-130호(1979. 10. 10.)

ISBN 979-11-7261-011-1 (03220)

값 23,000원